새로운 지역
틈새일자리
프로젝트

부산형
착한기업
2012~2016

김종한 / 류장수 / 박성익 / 이근호 지음

도서출판 디자인콕스

차례

표
목
차

그림 목차

책머리 글

"부산형 착한기업 육성 및 일자리창출 프로젝트(이하 '부산형 착한기업 육성 사업')"가 추진된 지도 어느덧 5년의 세월이 흘렀다. 이 사업은 2012년 부산광역시의 고용노동부 지역맞춤형 일자리창출 지원사업의 일환으로 처음 시작되었다. 우리가 이 사업을 처음 제안하였을 때에는 이처럼 5년이나 지속될지도 몰랐고, 심지어 '부산형 착한기업'에 대한 책자까지 발간하리라고는 더욱 예상치 못했다.

그러나 지난 5년간 부산형 착한기업 육성사업을 통해 '부산형 착한기업'으로 선정된 기업이 250여개를 넘어서고 있다. 더구나 이 사업은 고용노동부가 주최하는 '2015년 전국 지방자치단체 일자리 경진대회'에서 독창적인 아이디어와 추진성과를 인정받아 대통령상을 수상하였다. 이 사업은 해를 거듭할수록 지역 일자리창출 지원방식의 새로운 모델로서 가능성을 보여주고 있으며, 이를 위해 그간의 자료를 모으고 체계적으로 정리할 필요성을 느끼게 되었다. 그리하여 이 책에서는 지난 5년간 부산지역의 소기업 및 창업기업들에게 틈새일자리 창출을 목적으로 추진해 온 '부산형 착한기업'의 육성 과정에서 드러난 시행착오와 성공담에 대한 이야기를 진솔하게 담고자 했다.

돌이켜보면 '부산형 착한기업'이란 용어의 탄생은 연구자의 반짝 아이디어에서 비롯된 매우 우연한 것이었다. 그러나 이 사업의 추진배경과 내용은 하루 아침에 만들어진 것이 아니다. 이 사업은 부산광역시가 전국 최초로 고용노동부의 지원을 받아 2009년부터 2011년까지 3년간 추진했던 '부산고용촉진지구 시범운영사업'이[1] 모태가 되었다. '부산고용촉진지구 시범운영사업'은 지역맞춤형 일

---

1) 이에 대한 보다 상세한 내용은 부산고용촉진지구사업단(2009, 2010, 2011), 부산고용촉진지구[사상구]시범운영 사업계획서 및 자체평가보고서를 참고하기 바란다.

자리창출 지원사업 가운데 처음으로 부산의 '사상구'라는 특정 공간지역을 사업 대상으로 기획하였다는 점과 '고용과 복지가 하나 되는 지역공동체 형성'을 주된 목적으로 추진되었다는 점이 특징적이다. 이를 위해 사회적 일자리창출, 고용지원, 직업능력개발, 연구 및 인프라 구축이라는 4개 분야에 14개의 세부사업이 입체적으로 추진되었다.

특히 취약계층의 고용과 복지 연계를 위해 1차년도와 2차년도에 추진했던 대표적인 사업으로는 '원스톱취업지원센터 운영', '사상구내 취약계층 및 다문화가구를 위한 돌봄서비스와 일자리창출 연계 사업', '대학 미진학 청소년을 대상으로 취업의욕 증대 및 직업훈련을 위한 "락앤락(Rock & 樂)"사업', '퇴직중견간부를 대상으로 한 "찾아가는 구인개척단" 운영' 등을 들 수 있으며, 그 중 몇 사업의 경우 타 지역 및 타 기관의 벤치마킹 대상이 되기도 했다.

그러나 1차년도와 2차년도 사업을 통해 고용과 복지를 연계시키려는 이러한 노력에도 불구하고 대부분의 사업은 일자리 창출을 위한 간접적 연계수준에 머무르는 한계를 노정하였다. 그리하여 3차년도에는 지역사회의 고용과 복지를 연계하는 직접적 일자리 창출방안을 모색하게 되었다. 그 결과 사상구청, 갑피기능공협회,[2] 부산고용촉진지구사업단이 새로운 틈새일자리 창출을 위한 여러 차례 논의를 거쳐 마침내 2011년 3월에 '부산형 착한기업 1호'인 ㈜갑피두레가 창립되었다. 바로 이것이 '부산형 착한기업'이란 용어의 탄생과 이듬해 "부산형 착한기업 육성 및 일자리창출 프로젝트"를 제안하게 된 직접적 계기이다. 이 책의 제 1장에서는 '부산형 착한기업'의 개념은 무엇이고, 어떠한 과정을 거쳐서 이 사

---

2) '갑피'란 구두의 겉가죽으로 사용되는 가죽을 말하며, 과거 사상구에는 신발산업이 융성하였기 때문에 갑피기능공들이 많았으나 신발산업의 쇠퇴로 소수로 전락하여 2011년 당시에는 퇴직기능공을 중심으로 '갑피기능공협회'를 운영하고 있었다.

업이 탄생하게 되었는지 등과 관련된 이른바 '부산형 착한기업 전사(前史)'에 대해 소개한다.

부산형 착한기업 육성사업은 부산지역의 20인 이하 소기업과 창업기업에 대한 일자리창출을 지원하는 사업이다. 2010년까지만 해도 지역맞춤형 일자리창출 지원사업의 대부분은 기업의 일자리창출에 필요한 인력에 대한 수요를 파악하고, 그에 필요한 훈련생을 모집하여 직업훈련을 통해 취업에 이르도록 하는 일련의 지원사업이었다. 그러다보니 기업이 필요로 하는 인력과 직업훈련 인력간에 미스매치가 크고, 취업이 된 경우에도 몇 달 이내에 다시 퇴사하는 경우가 다반사여서 직업훈련기관을 통한 훈련효과에 대한 의구심의 원인이 되었다.

부산형 착한기업 육성사업은 이러한 문제점을 극복하기 위해 소기업과 창업기업에 대하여 그들이 필요로 하는 인력을 직접 구인하거나 원스톱취업지원센터를 통해 알선해주고, 해당기업에서 필요로 하는 특수한 기능이나 기술을 기업 내 OJT형태로 직접 훈련시키는 비용을 지원해 주는 대신 최소한 1년 이상 채용을 약정하는 방식을 채택하였다. 이른바 직업훈련기관을 통한 기업에 대한 간접적 일자리창출지원방식이 아니라 기업 내 OJT를 활용한 직접적 일자리창출 지원방식을 통해 지속가능한 일자리창출에 기여하고자 했다. 부산형 착한기업 육성사업을 위해서는 해마다 부산지역의 일자리구조 및 창업 현황에 대한 파악이 필요하다. 이 책의 제 2장에서는 부산의 일자리구조 및 창업현황에 대해 소개한다.

부산형 착한기업 육성사업은 부산지역 기업을 대상으로 크게 두 가지 방식으로 지원을 하였다. 하나는 부산지역 상용직 20인이하 소규모기업을 대상으로 하는 채용약정형 OJT 지원사업이다. 원래 OJT(현장훈련)는 재직근로자를 대상으로 하기 때문에 실업자를 주 대상으로 하는 고용노동부의 지역맞춤형 일자리

창출 지원사업에서는 사업비 지출이 어렵다는 난관에 봉착했다. 이러한 제도적 어려움을 풀기 위해 우리는 '채용약정형 OJT'라는 새로운 지원방식을 개발하였다. 이 방식은 기업이 필요로 하는 실업자에게 1년 이상 상용직 채용을 전제로 필요한 기능과 기술을 해당 기업현장에서 직접 훈련할 수 있도록 하고, 그에 상응한 1인당 훈련비를 기업에 직접 지원하는 것이다. 다른 하나는 생활기술형 창업 및 재창업 기업을 엄선한 후 사전적인 창업 컨설팅과 고용인원에 따른 차등적 창업자금 지원을 통해 창업유지율을 높이는 방식이다. 이러한 두 가지 지원방식이 여타 유사한 지원방식과는 어떠한 차별성과 특징을 가지고 있는지 살펴볼 필요가 있다. 그리고 지난 5년간 이러한 두 가지 방식으로 추진해온 양적 및 질적 사업성과에 대한 정리가 필요하다. 제 3장에서는 부산형 착한기업 육성사업과 관련된 두 지원방식에 대한 주요 특징과 성과를 소개한다.

다음으로 지난 5년간 부산형 착한기업으로 선정된 기업들의 현황은 어떠할까? 또한 그들은 현 시점에서 부산형 착한기업 육성 사업에 대해 어떻게 생각하고 있을까? 나아가 부산형 착한기업 육성사업에서 애로요인은 무엇이고 개선방안은 무엇이라고 생각하고 있을까? 이러한 궁금증 해소를 위하여 이제까지 '부산형 착한기업'으로 선정된 기업을 대상으로 전수 설문조사를 실시하였다. 소규모 기업이거나 소창업이다 보니 선정기업 가운데 일부기업은 폐업을 하였거나 이전 및 소유주가 바뀐 기업도 있었고, 기업이 존속하지만 아예 전화를 받지 않는 기업도 있었다. 제 4장에서는 2016년 9월까지 선정된 240여개 착한기업 가운데 응답한 151개 기업을 대상으로 부산형 착한기업 육성사업의 애로요인 및 개선방안과 관련된 설문조사 분석결과를 소개한다.

2012년부터 '부산형 착한기업'으로 선정된 기업에 대해서는 부산광역시가 착한기업 선정패를 수여하고 있다. 처음에는 한해 20여개 기업에 불과했으나 2015년부터는 60여개 기업이 선정되었다. 이들 기업이 '부산형 착한기업'으로 선정되기까지는 각기 다른 사연들이 있어서 선정된 기업 모두를 소개하고 싶다. 그러나 한정된 지면관계로 집필진과 착한기업 운영 실무진이 논의를 거쳐 착한기업 Best 11을 선정하였다. 제 5장에서는 이들 기업을 대상으로 직접 현장에 방문하여 인터뷰를 진행하였고 그 결과를 요약 정리한다.

마지막으로 갈무리 글에서는 부산형 착한기업 모델의 확산과 과제에 대하여 서술한다. 이와 관련하여 특히 지난 2015년 11월에 '부산형 착한기업 클럽' 창립총회가 결성되었다. 부산형 착한기업 육성사업이 지속가능성을 가지기 위해서는 부산형 착한기업 클럽과 같은 자발적 조직의 활성화가 절실하다. 이들 스스로가 네트워킹을 강화하고 지역사회의 발전에 공헌하면서, 중장기적으로 부산의 기업문화를 새롭게 선도하는 착한기업 클럽으로 자리매김 되기를 기대해 본다. 이를 위해 이 책에서는 지난 5년간 부산형 착한기업 육성사업의 발자취로서 '부산형 착한기업 클럽 리스트', '갤러리', '부산형 착한기업 육성 매뉴얼'을 부표와 부록으로 남겨둔다. 아울러 이 책의 4장과 5장 그리고 부표 및 부록 부분은 우리들이 지난해 편집한 『부산형 착한기업 육성 및 일자리창출 프로젝트 사례집(2016)』 보고서와 『부산형 착한기업 소개자료(2016)』의 내용을 수정·보완한 것임을 밝혀둔다.

지금까지 우리는 부산고용촉진지구 시범운영 사업 출발시점부터 부산형 착한기업 육성사업의 오늘에 이르기까지 아이디어를 제시하였을 뿐만 아니라 실천과정에서도 공동의사결정과정을 통해 함께해 왔다. 이러한 집단적 토론과 의사결정과정 덕분에 부산형 착한기업의 육성사업이 지난 5년간 지속적으로 진화해 왔다. 또한 부산형 착한기업 육성사업이 새로운 틈새일자리창출 모형으로 발전하는 데에는 고용노동부 지역산업고용정책과, 부산지방고용노동청 지역협력과 그리고 부산광역시 일자리경제본부 일자리창출과, 사상구청, 중소기업진흥공단 부산지역본부, 기술보증기금 등 유관기관 관계자 여러분의 적극적인 신뢰와 협력에 힘입은 바 크다. 또한 바쁜데도 불구하고 착한기업 육성사업 취지에 공감하여 심사와 컨설팅을 위해 아낌없이 시간을 내어준 착한기업 자문위원과 컨설팅단 여러분께도 이 자리를 빌려 감사를 드린다.

그리고 지난 5년간 이 사업을 공동주관해 온 (재)부산인적자원개발원과 부산고용포럼 관계자 여러분께도 심심한 감사를 드린다. 특히 부산형 착한기업 육성사업의 실무를 담당해 온 원스톱취업지원센터의 김은미, 김태용 팀장과 장석진, 심태수, 권지언, 정우진, 정현주 팀원의 헌신적인 노력과 열정이 없었다면 이 책이 세상에 나오지 못했을 것이다. 다시 한번 이번 기회에 집필진을 대신하여 그들의 노고에 대해 깊은 감사를 표한다. 마지막으로 여러모로 부족한 자료와 내용에도 불구하고 거친 원고를 일일이 정리 편집해준 도서출판 디자인콕스 신유정 대표께도 감사드린다.

2017년 2월
저자들을 대표하여 김 종 한

새로운 지역 틈새일자리 프로젝트
부산형 착한기업 2012~2016

01

제 1 장

—

부산형 착한기업
탄생의 전사(前史)

부산형 착한기업 탄생의 전사(前史)

　"부산형 착한기업 육성 및 일자리창출 프로젝트(이하 '부산형 착한기업 육성사업')"는 2012년 3월부터 고용노동부의 지역맞춤형 일자리창출 지원사업의 일환으로 시행되었다. 여기서 부산형 착한기업 육성사업이란 "① 부산지역 한계기업의 상용직 신규 일자리 창출을 위해 최소한의 OJT 훈련 혹은 창업지원금을 사후적으로 지원하고, ② 참여기업 간의 자발적인 정보교류와 협력을 통해 기업을 더욱 성장 발전시키고, ③ 나아가 이를 통해 받은 혜택을 다시 지역사회에 환원하는 기업을 육성함으로써 지속적으로 지역의 틈새일자리를 창출하려는 사업"을 의미한다. 따라서 '부산형 착한기업'이란 "부산지역 내 소재하는 주로 20인 이하 영세소기업 및 창업기업으로서, 적은 규모의 지원에도 불구하고 지속적인 노력과 열의를 통해 지속 가능한 상용직 신규 틈새일자리를 창출하고, 중장기적으로 지역사회에 기여하는 기업"을 의미한다.

　당시 부산형 착한기업 육성사업을 추진하게 된 배경은 다음과 같다. 첫째, 기존의 마을기업 및 사회적 기업의 경우 육성에 대한 충분한 명분을 가지고 있음에도 불구하고 2-3년 후 정부지원 단절시 자립화 성공률이 매우 낮아서 지속가능한 틈새 일자리 창출에 어려움을 겪고 있었다. 둘째, 공동작업장 형태의 마을기업이나 커뮤니티 비즈니스의 경우에도 주민의 협업을 목표로 작업장을 설치하였으나 특정분야 기능 부족과 일감 부족으로 지속적인 운영에 성공하는 비율이 낮은 편이었다. 따라서 사회적 기업과 마을기업이 지니고 있는 지속가능한 일자리창출과 일감 부족의 어려움을 극복하기 위해 영리목적의 신규창업 주식회사(법인)나 기존의 한계기업에 대해 경영컨설팅과 직업훈련 등의 지원을 통해 지속가능한 일자리창출과 지역사회 공헌이라는 방안을 모색하게 되었다.

그러나 이와 같은 부산형 착한기업 육성사업과 부산형 착한기업의 개념이 정립되기까지 여러 가지 우여곡절이 있었다. 우선, 지역맞춤형 일자리창출지원사업에서 직업훈련기관을 통하지 않고 직접 기업에 훈련비를 지원하는 것은 최초의 시도였기에 사업의 필요성과 당위성을 보다 구체적으로 제시하는 것이 급선무였다. 이를 위해 부산에서 왜 틈새일자리창출사업이 필요한지, 그리고 부산형 착한기업 육성 대상이 되는 한계기업과 한계기업에 종사하는 근로자수(이하 '한계근로자')는 얼마나 되는지에 대해 개략적으로라도 통계적 수치를 제시할 필요가 있었다. 또한 무엇보다 부산형 착한기업의 모태가 되는 시범사업의 필요성이 제기되었다. 이와 관련하여 2011년에 추진된 일련의 틈새일자리창출 및 한계기업 관련 논의와 부산형 착한기업 1호로 선정된 ㈜갑피두레에 대한 창업지원사업은 이른바 부산형 착한기업의 전사(前史)이다. 이하에서는 부산형 착한기업 육성사업의 논리적 근거와 부산고용촉진지구 시범운영사업의 일환으로 추진된 ㈜갑피두레의 창업 및 운영과정에 대해 살펴본다.

1. 부산에서 틈새일자리창출사업의 필요성

부산형 착한기업 육성사업이 추진되기 이전인 2010년을 전후하여 부산에서는 틈새일자리창출사업의 필요성이 제기되었다. 당시에 제기된 이유를 살펴보면 다음과 같다. 첫째, 부산의 인구는 지속적인 감소와 급격한 고령화 추세경향을 나타내었다. 부산인구는 2009년까지 매년 지속적으로 2~3만명씩 감소하고 있음에도 노인인구(65세이상)는 2010년 401천명(전체인구의 11.3%)으로 7대도시 중 최고 수준이었다. 더구나 2010년부터 베이비부머들의 퇴직이 급격하게 증가하는 시기를 맞이하여 이들의 사회적 경험을 지속적으로 활용하기 위한 방안마련이 시급했다 [3].

<표 1-1> 전국 7대도시 노인인구 현황

(2010년말 기준, 명)

구분	65세이상 인구수(A)	총인구수(B)	비율(A/B*100)
서울특별시	1,002,770	10,312,545	9.7%
부산광역시	401,784	3,567,910	11.3%
대구광역시	252,084	2,511,676	10.0%
인천광역시	237,805	2,758,296	8.6%
광주광역시	130,457	1,454,636	9.0%
대전광역시	130,245	1,503,664	8.7%
울산광역시	76,800	1,126,298	6.8%

·자료 : KOSIS 주민등록인구통계

　둘째, 부산에는 임시·일용직 비중이 높아 불안한 고용구조를 나타내고 있다는 점을 들 수 있었다. 부산의 임금근로자 대비 임시·일용직 비중은 2010년 44.4%로 7대도시 가운데 가장 높은 수준이었다.

3) 부산 베이비부머세대 인구는 2010년 기준 부산시 총인구 3,567,910명의 16.4%인 585,438명으로 나타났다.(부산일보, 2011.2.24)

(단위 : 천명)

구분	서울	부산	대구	인천	광주	대전	울산
계	4,936	1,574	1,169	1,320	664	702	534
비임금근로자	1,203	430	318	301	170	162	105
임금근로자	3,733	1,145	851	1,019	494	540	429
상용	2,096	637	458	546	286	332	281
임시·일용 (비중)	1,636 (43.8%)	508 (44.4%)	395 (33.8%)	472 (35.8%)	197 (29.7%)	208 (29.6%)	147 (27.5%)

·자료 : 통계청, KOSIS

셋째, 전국시도 가운데 여성경제활동참가율이 가장 낮은 수준이라는 점을 들수 있었다. 그 결과 부산은 여성비경제활동참가율이 가장 높고, 특히 경력단절여성의 비중이 높아, 타도시 대비 낮은 고용률의 주요 원인으로 작용하고 있다. 2010년 여성비경제활동인구 비율의 전국평균이 50.5%이고 서울 48.8%임에 반해 부산은 54.3%로 울산과 함께 가장 높다. 따라서 부산의 고용률을 높이기 위해서는 여성비경제활동인구 가운데 특히 경력단절여성의 취업기회를 확대하는 것이 필요했다.

이처럼 부산의 경우, 타 지역에 비해 높은 노인인구 비중, 임시직 일용직 비중이 높은 불안한 고용구조, 낮은 여성경제활동참가율 등을 극복하기 위해서는 부산의 산업적 측면을 고려한 틈새일자리창출 방안 마련이 필요한 시점이었다.

2. 부산의 한계기업과 한계근로자 추정

부산에서 틈새일자리창출을 위해서는 먼저 부산에 매년 어느 정도의 '한계기업(marginal firms)'이 발생하고 있는가를 파악할 필요가 있었다. 경제학적인 의미에서 '한계기업'을 정의한다면 '요소가격 한 단위 상승에 따라 퇴출되어지는 기업의 증가분'을 의미한다고 할 수 있다. 또한 통상적으로 사용하는 '한계기업'

이란 용어 역시 각 업종에서 퇴출직전에 있는 경계선상의 기업을 의미한다. 일반적으로 경쟁시장의 논리에 따른다면 이러한 한계기업을 의도적으로 지원하여 시장에 존속하도록 하는 것은 무의미할 뿐만 아니라 시장교란요인이 된다고 주장한다. 시장론자들은 경쟁력을 상실한 기업임에도 불구하고 시장에 존속시키기 위해 정부가 보조금을 주는 것은 임시방편일 뿐이며 중장기적으로 타당하지 않다고 주장한다.

그러나 이러한 한계기업을 주된 대상으로 하여 지역사회의 틈새일자리창출을 적극적으로 모색할 경우에는 사정이 달라진다. 우선 어느 시기 어느 업종에서나 한계기업은 존재하며, 그러한 한계기업들의 대부분이 후진국 대비 고임금과 기술추격의 이중고로 인해 퇴출위기에 직면하고 있다. 또한 이러한 한계기업을 넘어서는 새로운 기업의 창출 역시 끊임없이 시도되고 있으나, 상대적 고임금과 낮은 기술력에 막혀 성공확률이 낮은 편이다.

그 결과 부산에서 특히 20인 이하 제조업 소기업의 경우 그 수가 줄어드는 경향이 있었고, 그에 따라 종사자 수 역시 감소추세를 보여주고 있었다. 결국 시장의 논리에 따라 퇴출위기에 놓인 기업의 시장잔류를 위해 보조금을 지급하는 것은 문제가 있지만, 새롭게 시장에 진입하려는 기업이나 기존 한계기업에 대해 생산성을 높일 수 있도록 숙련향상과 경영전반에 컨설팅을 해줌으로써 지속가능한 신규일자리를 창출하는 데 대해 일정한 지원을 하는 것은 필요하다. 특히 퇴직을 하고도 여전히 일할 능력을 갖추고 있는 숙련기능공이나 이주여성과 같은 취약계층을 대상으로 틈새일자리를 창출하고 이들의 지속가능한 발전을 유도하는 정책은 고용과 복지가 하나 되는 지역공동체 형성에 매우 부합하는 것이었다.

그렇다면 2010년 부산에서 매년 한계기업과 그 종사자수는 어느 정도였을까? 부산의 한계기업과 한계근로자를 가장 단순하게 표현한다면 기업규모별로 매년 증가 혹은 감소하는 기업수와 종사자 수의 합계가 될 것이다. 그 가운데에도 특히 규모별로는 20인이하의 영세중소기업과 업종별로는 제조업에서 매년 증가 혹은 감소한 사업체수와 종사자 수가 특히 틈새일자리창출에 부합하는 대상이 될 것이다. 우리는 먼저 이러한 방법으로 부산의 한계기업과 한계근로자의 양적 크기를 개략적으로 추정해 보았다.

〈표 1-3〉은 부산의 전산업을 대상으로 2008년과 2009년의 사업체수 및 종사자수 차이의 절대값을 보여주고 있다. 2010년에는 2009년에 비해 부산의 전산업에서 5-9인 사업체는 2,610개 업체가 감소하였고, 300-499인과 500-999인 업체에서도 각각 2개와 1개 업체가 순감소하였다. 나머지 규모에서는 총 2,612개 업체가 증가하여 전체적으로는 1개 업체가 감소한 것으로 나타났다. 종사자수는 2010년에 2009년 대비 22,528명 순증가한 것으로 나타났다. 5-9인 업체에서는 14,080명이 감소하였고, 500-999인 업체에서도 1,167명이 감소하였다. 나머지 규모에서는 총 37,775명 증가한 것으로 나타났다. 그러나 우리가 살펴보고자 하는 소규모 기업의 틈새일자리창출과 관련해서는 대부분 20인 이하의 중소기업이 그 주된 대상으로 된다. 이럴 경우 2010년 부산에 증가 및 감소된 20인 이하 사업체 수와 종사자수 절대값의 합계는 각각 4,874개 사업체에 21,223명이다.[4]

---

4) 20인 이하 틈새일자리창출 대상 사업체와 종사자수를 전년대비 순증감의 합계로 보지 않고 절대값의 합계로 본 이유는 2010년에 신규진입한 기업뿐만 아니라 소멸한 기업도 한계기업 및 한계근로자에 포함된다고 보았기 때문이다.

<표 1-3> 부산의 전산업 사업체수 및 종사자수 변화

(단위 : 개,명)

| 구분 | 2008 | | 2009 | | 2010 | | 증감 사업체수 절대값 (｜B-A｜) | 증감 종사자수 절대값 (｜D-C｜) |
	사업체수	종사자수	사업체수 (A)	종사자수 (C)	사업체수 (B)	종사자수 (D)		
1-4	218,367	383,180	219,682	385,030	221,870	391,059	2,188	6,029
5-9	22,351	141,214	22,572	143,396	19,962	129,316	2,610	14,080
10-19	9,327	123,200	9,517	125,610	9,593	126,734	76	1,124
소계	250,045	647,594	251,771	654,036	251,425	647,109	4,874	21,233
20-49	5,302	161,093	5,401	163,388	5,561	167,588	160	4,200
50-99	1,765	118,657	1,832	122,167	1,951	132,522	119	10,355
100-299	774	123,516	774	123,516	838	132,563	64	9,047
300-499	103	38,544	110	40,778	108	41,228	2	450
500-999	69	46,933	67	45,497	66	44,330	1	1,167
1000 이상	16	26,577	18	32,854	23	39,424	5	6,570
소계	8,029	515,320	8,202	528,200	8,547	557,655	351	31,789
전체합계	258,074	1,165,574	259,973	1,182,236	259,972	1,204,764	5,225	53,022

·자료 : 부산광역시(2010), 부산광역시 사업체실태조사DB

　　한편 틈새일자리창출사업 대상인 한계일자리는 부산지역의 일자리창출률과 소멸률을 분석한 김준영(2011)의 연구에서 어느 정도 확인 가능하다. 〈표 1-4〉에서 보면 적어도 한계근로자의 경우에는 신규일자리 창출(B)과 퇴출사업체 소멸(E)를 합친 비율(M=B+E)로 나타낼 수 있다. 이 경우 지난 5년간 부산의 한계근로자 비율은 최고 14.6%에 최저 9.2%가 된다. 즉 전체근로자의 약 10% 내외가 한계근로자에 포함될 수 있으며 이들을 주된 대상으로 한 틈새일자리창출대책이 마련될 필요가 있다.[5]

5) 일자리창출률 및 소멸률로 한계근로자를 파악하는 것이 보다 명확할 수 있다. 그러나 김준영(2011)의 연구에서는 부산지역 전산업 종사자에 대한 일자리창출률 및 소멸률만 나타내고 있기 때문에 우리의 주된 논의 대상인 20인이하 규모의 한계일자리 수가 명확하지 않다. 다만 개략적으로 2010년 20인 이하 전체 종사자수 647,109명에 대한 9.2%를 대입하면 59,534명으로 나타났다. 우리는 이러한 추정에 근거하여 적어도 약 6만명 가량이 틈새일자리창출 지원 대상이 될 수 있을 것이다.

<표 1-4> 부산의 일자리창출률과 소멸률 변화

(단위 : %)

구분	2005	2006	2007	2008	2009	2010
창출률(A=B+C)	19.6	18.7	17.7	17.0	17.0	14.0
신규사업체 창출(B)	8.6	8.1	7.9	8.1	8.1	5.2
기존사업체 확장(C)	11.0	10.7	9.8	9.0	9.0	8.8
소멸률(D=E+F)	13.8	12.8	12.6	14.0	14.0	10.6
퇴출사업체 소멸(E)	6.0	5.5	4.9	6.5	6.5	4.0
기존사업체 축소(F)	7.8	7.3	7.7	7.5	7.5	6.6
일자리 순창출률(N=A-D)	5.8	5.9	5.1	3.0	3.0	3.4
한계일자리률(M=B+E)	14.6	13.6	12.8	14.6	14.6	9.2

·자료 : 김준영(2011), 부산지역 일자리창출과 소멸의 규모와 특징: 고용보험DB를 이용한 분석, 한국고용정보원의 자료를 수정한 것임

3. 부산형 착한기업 1호 : ㈜갑피두레의 교훈

1. ㈜갑피두레의 설립과정과 운영현황

㈜갑피두레는 부산형 착한기업 1호다. 그러나 이 기업이 처음부터 착한기업을 목적으로 탄생된 것은 아니었다. 돌이켜보면 2010년 8월 경 부산고용촉진지구 3차년도 사업계획을 토의하는 과정에서 고용과 복지가 연계된 공동체 일자리 창출을 위한 커뮤니티 비즈니스사업[6]을 처음으로 구상하게 되었다. 급기야 사상구청에 문의하여 이러한 사업취지에 부합하는 비영리단체 몇 군데를 소개 받았는데 그 가운데 눈에 뜨이는 단체로 '갑피기능공협회'가 있었다. 90년대까지 부산에서는 신발산업이 주력업종 가운데 하나였기 때문에 구두나 신발의 겉가죽을 의미하는 갑피임가공 업체가 많았고 갑피숙련기능공도 수천 명에 이를 정도로 많았다. 그러나 2000년대 이후 신발업체들의 해외이전으로 말미암아 갑피기능공의 대다수는 일자리를 잃고 전직을 하거나 전업주부로 남게 되었다. 이들 갑

---

6) 커뮤니티 비즈니스에 대해서는 호소우치 노부타가 편저, 박혜연, 이상현 옮김(2007)과 호소우치 노부타가 엮음, 김정일 옮김(2008)을 참조하기 바란다.

피기능공들의 명맥이 사상구에서 임의단체 형태로 수십 명 남아있었는데 그것이 바로 소개받은 '갑피기능공협회'였다.

부산고용촉진지구사업단은 갑피기능공협회 대표를 만나 사업계획을 설명하고 퇴직기능공 중심의 공동작업장을 운영할 의사가 있는지를 타진하였다. 마침 갑피기능공협회에서는 당시 고급신발 OEM사의 부산으로 U턴 현상에 힘입어 갑피임가공업을 구상하고 있었으나, 여러 가지 현실적 어려움 때문에 주저하고 있는 중이라고 했다. 갑피기능공협회에서는 최소한의 지원만 있으면 협회원들이 참여하는 임가공회사 설립을 적극적으로 추진하겠다고 했다.

2010년 12월부터 2011년 2월까지 수차례에 걸친 갑피기능공협회 대표와의 만남을 통해 원청업체로부터 매월 지속적인 갑피일감 확보와 공동작업장 작업라인 설치 확인서를 요구하였다. 이러한 조건이 기본적으로 충족됨에 따라 2011년 2월부터 공식적으로 이 사업을 부산고용촉진지구시범운영사업으로 추진하기로 하였다. 사업목적은 부산고용촉진지구(사상구·사하구)내 퇴직 기능인 및 이주여성 공동작업장 운영을 통한 재봉 및 신발갑피 기능공의 신규일자리창출과 이주여성의 기술습득을 통한 자활능력 배양 그리고 수익금의 고용 재투자 및 일부의 지역사회 환원이다.

사업기간은 2011년 3월부터 12월까지이며 사업지원비는 총 8천만원(국고 6천만원, 부산광역시 2천만원)이었다. 당초의 사업계획에서 사업비 지원내용은 다음과 같았다.

<표 1-5> 갑피기능공협회 사업비 지원계획(당초계획)

〈당초계획〉
- 고용노동부(60백만원) : 신규인력 25명에 대한 고용보험료를 포함하여 1인당 25만원 정도의 인건비 보조(월 6백만원 × 10개월)
- 부산광역시(20백만원) : 공장임대료 및 운영비 일부

그러나 이러한 지원방식은 2011년 3월에 ㈜갑피두레가 탄생하면서 불가피하게 계획변경을 하게 되었다. 부산고용촉진지구 3차년도 사업계획서에 따르면 비영리단체인 갑피기능공협회가 퇴직기능공 및 이주여성 공동작업장을 운영하고 2011년 말경에 자립화된 주식회사를 설립한다는 목표를 가지고 있었다. 그러므로 이들 단체에게 마을기업처럼 신규인력에 대해 인건비 일부와 고용보험료를 지원하고 공장임대료 및 운영비 일부를 지원하는 것은 사업범위를 벗어나는 것이 아니었다. 그러나 문제는 갑피기능공협회가 법인형태의 비영리단체가 아니라 임의단체의 성격이었기 때문에 정부자금을 지원하는데 투명성의 문제가 불거졌고, 이 문제 해결을 위해 주식회사의 설립을 서두르게 되었다.

<그림 1-1> ㈜갑피두레 개업식 장면(2011년)　<그림1-2> ㈜갑피두레 공장 내부 전경 (2011년)

드디어 2011년 3월 23일 자본금 2천만원으로 퇴직기능공과 이주여성 25명으로 구성된 ㈜갑피두레가 사상구 삼락동 76-2번지에 탄생되었다. 종업원의 대부분인 18명이 갑피기능공협회의 회원이었다. 이주여성은 사상구지역에 거

---

7) '갑피두레'란 주생산물인 구두의 겉가죽을 의미하는 '갑피(甲皮)'와 전통적인 공동노동조직을 의미하는 '두레'의 합성어로써 부산고용촉진지구사업단에서 붙여준 이름이다.

주하는 다문화가구로서 젊은층이며 필리핀과 캄보디아 등에서 재봉관련 일 경험을 가지고 있는 여성을 우선으로 선발하였다. 원청회사인 ㈜삼우실업과 월 2만족 이상의 갑피임가공 장기계약도 이루어졌고 작업장에 32대의 작업라인도 구축하였다. 3월말에서 4월말까지의 매출액도 약 4천만에 이르러 사업정착의 가능성을 보여주었다. 어느 정도 작업장이 정비되면서 ㈜갑피두레의 새로운 탄생과 새로운 실험을 알리기 위해 2011년 4월 28일 ㈜갑피두레의 개업식을 공식적으로 개최하였고, 언론과 방송에서는 기존의 사회적기업이나 마을기업과는 다소 색다른 방식의 틈새일자리 창출에 많은 관심을 가져주었다.[8]

그러나 ㈜갑피두레의 설립을 통한 사업 지원 방식 역시 부산고용촉진지구사업비로는 지원이 어렵다는 사실을 2011년 4월 말에 알게 되었다. 즉, 2011년 4월 말에 고용노동부로부터 지역맞춤형 일자리창출 지원사업비로는 영리기업에 대해 직업훈련지원 이외의 지원이 어렵다는 유권해석을 받게 되었다. ㈜갑피두레에 대한 당초 최소한의 고용보험료 및 인건비 지원계획은 수정이 불가피하게 되었다. 다행히 ㈜갑피두레에서는 경쟁력 제고를 위해 향후 10여명 이상의 추가적인 기능인력이 필요하고, 또한 이주여성과 취약계층을 주대상으로 하는 갑피기능교육이 필요했기 때문에 기존의 사업지원비를 직업훈련비로 지원하는데 대해 합의가 되었다. 그리하여 ㈜갑피두레에 대한 지원은 부산고용촉진지구사업단에서 갑피기능공협회에 갑피기능공교육을 위탁하고, 갑피기능공협회가 ㈜갑피두레에 현장실습(OJT)을 통해 직업훈련을 시키고, 그들 가운데 필요한 일부 인력을 채용하는 방식으로 지원하게 되었다.[9]

---

8) ㈜갑피두레에 대해서는 새로운 지속적인 틈새일자리창출모델의 가능성이라는 측면에서 지역 방송3사와 부산일보를 비롯하여 서울신문 등에서도 기획특집으로 다루었다. 특히 해외이주여성의 고용창출과 관련해 많은 기관에서 관심을 가지고 국민권익위원회를 비롯한 타지역의 공공기관에서 본 사업장을 직접 방문하였다.
9) ㈜갑피두레에 갑피기능공 직업훈련이 가능하게 된 것은 현재의 직업훈련기관에서 갑피기능공 훈련프로그램이 없기 때문에 불가피하게 현장위탁훈련이 가능하게 되었다.

<표 1-6> ㈜갑피두레 사업비 지원계획(변경 계획)

〈변경된 계획〉
- 최초 근무인력 25명 규모의 주식회사 설립에 대한 컨설팅
- 신규인력 25명에 대한 직업훈련비 지원
  · 2개월씩 3차에 걸쳐 각 7-8명씩 OJT 훈련예정
  · 고용노동부 지원(60백만원) : 운영비(장비임차료, 재료비, 복리후생비)
    39백만원, 연구개발비(강사료) 21백만원
  · 지방자치단체지원(20백만원) : 재료비 및 홍보비

2. ㈜갑피두레의 초기 운영과정

2011년 4월부터 2011년 9월말까지 ㈜갑피두레의 매출액 현황을 살펴보면 지난 6개월 동안 약 2억원의 매출고를 보여주고 있다. 갑피봉제의 경우 원청회사의 성수기와 비수기에 따라 매출액의 차이가 크게 나는 것으로 나타났다. 일반적으로 갑피생산의 경우 성수기는 3월에서 5월까지이고 7월에서 9월까지는 상대적으로 비수기로 나타났다. 그 결과 ㈜갑피두레의 경우에도 4월에서 6월까지는 비교적 3천만원 이상의 매출액을 보이다가 7월부터는 비수기에 접어들어서 가동률이 떨어지고 있음을 알 수 있다.

<표 1-7> ㈜갑피두레 매출액 현황

(단위 : 천원)

총계	4월	5월	6월	7월	8월	9월
198,254	35,870	51,240	31,754	24,600	25,790	29,000

·자료 : ㈜갑피두레 내부자료

다음으로 2011년 10월 말 현재 ㈜갑피두레의 종업원 현황을 보면 〈표 1-8〉와 같다. 2011년 3월 개업 시에는 갑피관련 퇴직기능공 18명, 이주여성 5명, 사상구내 취약계층 2명 등 총 25명이었는데 7개월 만에 퇴직기능공 21명과 이

주여성 6명을 포함하여 총 27명으로 나타났다. 퇴직기능공 가운데 60세 이상은 1명이고 대부분 40대 후반과 50대였다. 이주여성은 베트남출신 5명, 캄보디아 1명이 근무하고 있는 것으로 나타났다. 최초의 25명 가운데 3명이 퇴사하였고, 5명이 새롭게 채용되었다. 이들 5명은 지난 6월부터 3개월 과정으로 7-8명씩 현장위탁훈련(OJT)을 받은 15명 가운데 채용된 인력이었다.

<표 1-8> ㈜갑피두레 종업원 현황(2011년 10월 말 기준)

(단위 : 명)

종업원	퇴직기능인			이주여성		
합계	소계	60세이하	60세이상	소계	베트남	캄보디아
27	21	20	1	6	5	1

·자료 : ㈜갑피두레 내부자료

지금까지 살펴본 ㈜갑피두레의 설립과정과 초기 운영현황에 나타난 주요 특징을 요약해 보면 다음과 같다. 첫째, ㈜갑피두레 운영사업은 부산고용촉진지구 내 사장된 퇴직기능공과 다문화 이주여성을 대상으로 시도된 신규 틈새일자리창출 시범사업이라는 점이다. 둘째, 커뮤니티 비즈니스(CB)와 예비사회적기업 단계를 거치지 않고 곧바로 개인사업자가 아닌 영리목적의 주식회사 법인을 설립하였다는 점이다. 셋째, 순수 영리목적의 주식회사이면서도 취약계층을 중심으로 공동작업장 형식의 사회적 가치를 추구하였다는 점이다.[10] 넷째, 사회적기업의 경우 인건비 지원이 최대 3년까지 이루어지지만, ㈜갑피두레의 경우 직접적인 인건비 지원이 없고 1년간 직업훈련비와 일부 운영비만 마중물로 지원해 주기 때문에 인건비에 대한 대외의존도를 지양함으로써 빠른 시일내 자립화의 책무를 부여하고 있다는 점이다.

10) 서울신문(2011.6.24.) 이경주기자는 ㈜갑피두레의 경우는 기존의 사회적기업이나 마을기업과 구분되는 독특한 형태로서 '사회적 주식회사' 혹은 '사회적 영리기업'이라 부르고 있다.

다섯째, 원청기업과 하청기업 그리고 정부의 상호협력을 통한 일석삼조의 윈-윈사업이라는 점이다. 즉, 원청기업인 ㈜삼우실업에서는 양질의 갑피기능공 확보를 통한 양질의 갑피공정 외주로 생산성 증대효과를 누릴 수 있었다. 하청기업인 ㈜갑피두레는 원청기업으로부터 값싼 공장임대 및 작업라인 설치와 부산고용촉진지구 사업단으로부터 추가인력에 대한 직업훈련교육 위탁지원으로 받아 사업 채산성 증대효과를 얻을 수 있었다. 그리고 고용노동부, 부산광역시, 사상구는 최소한의 자금 지원을 통해 최소 25명에서 30명 규모의 지속가능한 신규일자리 창출과 지역공동체사업의 확대라는 효과를 거둘 수 있었다. 여섯째, 갑피임가공 수요의 증대로 영리목적의 주식회사이지만 기존의 동종업종의 민간시장을 크게 훼손하지 않고 있다는 점이다. 그러므로 앞으로 부산형 착한기업의 발굴 역시 가급적 각 업종별로 새로운 일거리가 증가하고 있는 한계업종에 중점을 두어야 할 것이다. 일곱째, 주식회사 형태이면서도 기업이윤의 일부를 지역공동체 지원사업으로 환원한다는 점을 회사정관에 명시하고 있다는 점이다. 마지막으로 향후 지역의 틈새기업시장에서 마중물을 필요로 하는 다양한 업종의 '한계기업'에 적용해 볼 수 있는 시범사업이라는 점에서 ㈜갑피두레는 사실상 '부산형 착한기업 1호'이다.

3. ㈜갑피두레의 위기와 폐업이 남긴 교훈

2011년 부산고용촉진지구 3차년도 시범사업의 일환으로 추진된 ㈜갑피두레는 사실상 부산형 착한기업 1호로서 2012년부터 고용노동부 지역맞춤형 일자리창출지원사업의 일환인 '부산형 착한기업 육성 및 일자리창출 프로젝트' 선정에 결정적인 역할을 하였다. 이때까지만 해도 고용노동부의 지역맞춤형 일자리창출지원사업의 대부분은 직업훈련기관을 통한 훈련사업이었다. 지역맞춤형 일자리창출지원사업에서 이른바 '사회적 주식회사' 혹은 '사회적 영리기업'의 OJT에 지원을 해준다는 것은 매우 독창적이고 파격적인 것이었다.

이처럼 우여곡절 끝에 탄생한 ㈜갑피두레는 2012년 말까지 부산형 착한기업 육성사업의 OJT지원을 받아 한 때 종업원 수가 35명까지 증가하기도 했다. 그러나 2013년 초부터 신발산업 경기부진과 원청기업의 주문량 감소, 비수기 인건비부담 증가 등의 직접적인 위기요인을 극복하지 못하고 2013년 5월 결국 폐업신고를 하였다.

2011년 한해동안 ㈜갑피두레의 탄생과 초기 운영성과는 부산형 착한기업 육성사업을 추진하는데 결정적인 역할을 하였다는 점에서 절반의 성공이었다. 그러나 2년 만에 폐업이라는 고배를 마심으로써 부산형 착한기업 육성의 가장 큰 목적 가운데 하나인 지속가능한 고용을 유지하지 못했다는 점에서 절반의 실패였다. 특히 사실상 '부산형 착한기업 1호'라는 상징성의 측면에서 볼 때 아쉬움과 안타까움이 매우 컸다. 그래서 우리는 왜 ㈜갑피두레가 위기와 폐업에 이를 수밖에 없었는지를 살펴봄으로써 이후 부산형 착한기업 육성사업을 추진하는데 있어서 다음과 같은 교훈을 얻을 수 있었다.

우선 ㈜갑피두레가 3년여 만에 폐업을 할 수 밖에 없었던 가장 큰 원인은 기업생존의 현실적 측면보다는 퇴직 기능공이나 이주노동자 등과 같은 취약계층의 취업에 지나치게 매몰됨으로 말미암아 기업의 채산성에 대한 검토가 미숙하였다는 점이다. 이러한 반성에 기초하여 2013년부터 부산형 착한기업 육성사업의 방향은 취약계층의 고용보다 지속가능한 일자리와 기업운영이 가능한지를 우선시하는 계기가 되었다.

둘째, ㈜갑피두레가 실패하게 된 매우 중요한 요인 가운데 하나는 창업시 고용인원이 무려 25명이나 되었다는 점이다. 특히, 매우 취약한 재무구조하에서 비수기 인건비는 기업의 위기를 초래하는 결정적인 원인이 된 것이다. 그 결과 이후 부산형 착한기업 육성사업에서는 창업지원이나 채용약정형 OJT지원의 경우에 한 기업에 대해 최대 5명까지만 지원하는 것을 원칙으로 하는 계기가 되었다.

셋째, ㈜갑피두레의 업종이 가지는 그 자체의 한계를 들 수 있다. 이미 서술하였듯이 신발산업 하청기업의 경우 일감의 변동성이 불규칙하고 크다는 점이다. 성수기 때에는 갑자기 초과시간 근무나 인력채용을 해야 할 정도로 일감이 넘치다가도 갑자기 일감이 뚝 떨어지는 경우가 왕왕 생기게 되고, 그로인해 일감이 부족한 비수기에는 인건비 부담이 매우 컸다. ㈜갑피두레도 2011년 하반기부터 이러한 현상이 나타나 비수기에 대비하기 위해 신발갑피 이외의 유사 대체일감의 발굴과 종업원에 유사품목 봉제교육의 실시를 컨설팅하였으나 현실적인 장벽을 넘지 못하였다. 이러한 경험에 기초하여 이후 부산형 착한기업 육성사업에서는 가급적 생활기술형 창업지원에 중점을 두고 지원하는 계기가 되었다. 결국 ㈜ 갑피두레의 실패사례는 이후 부산형 착한기업 육성사업을 보다 체계화하고, 합리적이고 현실적인 매뉴얼을 만드는데 산교훈을 주었다는 점에서 그 의미를 부여할 수 있을 것이다.

새로운 지역 틈새일자리 프로젝트

부산형 착한기업 2012~2016

02

제 2 장

부산의
일자리구조 및
창업 현황

부산의
일자리구조 및
창업 현황

1. 일자리구조 현황

우선 부산의 일자리구조 및 창업 현황을 살펴보기 전에 부산의 전체적인 고용현황을 살펴보면 다음과 같다. 부산지역의 고용률(OECD)은 2016년 3/4분기에 56.1%로 전국61.1%에 대비해 5%p가 낮으며, 실업률도 3.8%로 전국 3.6%에 대비해 0.2%p 높아서 타 지역에 비해 상대적으로 어려운 고용상황을 보이고 있다.

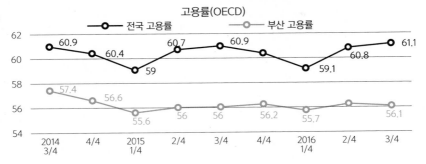

<그림 2-1> 부산지역 고용률과 실업률

고용률(OECD)

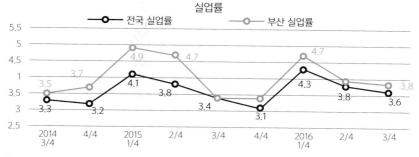

실업률

·자료 : 통계청, 경제활동인구조사

그리고 부산지역의 청년 고용률은 2016년 3/4분기에 66.3%로 전국 66.7%에 비해 0.4%p 낮으며, 청년 실업률 역시 9.6%로 전국 9.3%에 비해 0.3%p 높은 수준을 나타내고 있다.

<그림 2-2> 부산지역 청년층 고용률과 실업률 추이

청년 고용률

청년 실업률

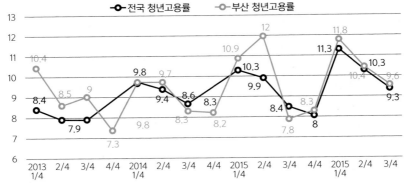

·자료 : 통계청, 경제활동인구조사

부산의 고용여건을 살펴보면 타 지역에 비해 구인을 더 많이 하고 있지만, 여전히 기업들은 인력부족을 호소하고 있으며, 특히 제조업의 경우 인력 미스매치가 심각한 상태이다. 제조업은 구인인원, 채용계획인원이 모두 많지만, 부족인원도 많아 인력수급 미스매치의 해결이 필요하다.

<그림 2-3> 부산의 산업별 구인인원, 채용계획인원, 부족인원

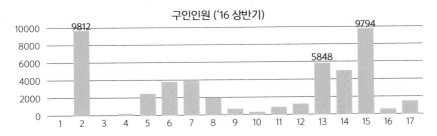

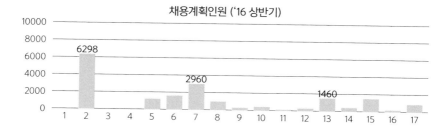

채용계획인원 ('16 상반기)

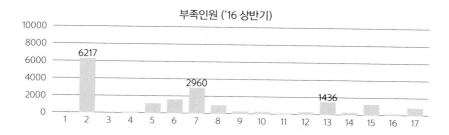

부족인원 ('16 상반기)

주 : 1.광업, 2.제조업, 3.전기,가스,증기 및 수도사업, 4. 하수·폐기물처리, 원료재생 및 환경복원업, 5.건설업, 6. 도매 및 소매업, 7.운수업, 8. 숙박 및 음식점업, 9. 출판,영상, 방송통신 및 정보서비스업, 10. 금융 및 보험업, 11. 부동산업 및 임대업 12. 전문, 과학 및 기술서비스업, 13. 사업시설관리 및 사업지원서비스업, 14. 교육서비스업, 15. 보건업 및 사회복지서비스업, 16. 예술, 스포츠 및 여가관련 서비스업, 17. 협회 및 단체, 수리 및 기타개인서비스업

·자료 : 고용노동부, 직종별사업체노동력조사

　　부산은 기업규모의 영세성과 상대적으로 낮은 고용흡수력 및 창출력으로 인해 신규 일자리 창출의 어려움이 가중되고 있다. 20인 미만 사업체는 262,990개로 96.7%, 이중 제조업은 25,815개로 전체 제조업의 93.0%를 차지하고 있으며, 부산지역 사업체 수는 증가하나, 이에 비해 전국대비 종사자 비중은 정체하고 있는 상황이다.

<그림 2-4> 부산의 사업체 및 종사자수

사업체수 및 종사자수

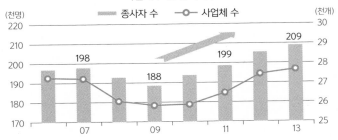

사업체수 및 종사자수

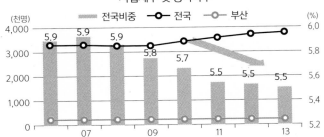

종사자수 연도별 증감률

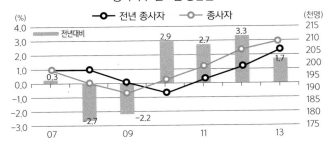

·자료 : 통계청, 전국사업체조사

부산은 기업 규모가 영세하며, 20인 미만의 소규모 사업체에 종사하는 인원이 많다. 세부적으로 부산 지역의 총 277,713개의 사업체 중 5인 미만의 사업체는 229,843개로 전체 사업체 수의 83%에 해당하는 가장 높은 비율을 차지하며, 20인 미만의 사업체는 268,525개로 전체의 97%를 차지하고 있다. 부산 지역의 종사자 총 1,325,781명 중 730,035명은 20인 미만의 사업체에 종사하며 이는 전체의 55%에 해당한다.

<그림 2-5> 부산의 종사자 규모별 사업체 수, 종사자 수

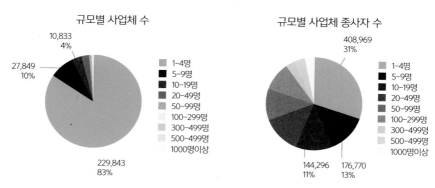

·자료 : 통계청, 전국사업체조사

부산 지역의 20인 미만 기업 중 도매 및 소매업, 숙박 및 음식점업 등 생활 밀착형 산업이 높은 비율을 차지하며, 산업별 종사자 수의 비율도 사업체 수와 비례한다. 부산 지역의 20인 미만 기업 총 277,713개 중 도매 및 소매업은 79,155개로 28.5%, 숙박 및 음식점업은 49,506개로 17.8%에 해당하며, 제조업은 26,933개로 9.6%에 해당한다. 20인 미만 기업 중 도매 및 소매업, 숙박 및 음식점업 등의 생활 밀착형 산업이 전체 산업의 46.3%로 높은 비중을 차지하고 있으며, 부산 지역의 20인 미만 기업에 종사하고 있는 인원 총 730,035

명 중 도매 및 소매업에 185,981명 (39.1%), 숙박 및 음식점업에 133,376명 (18.2%), 제조업에 100,154명 (13.7%)로 높게 나타났다.

<그림 2-6> 부산의 산업별 20인 미만 사업체 수, 종사자 수

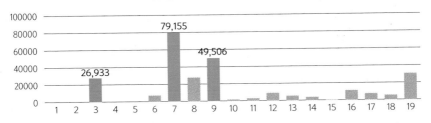

산업별 20인 미만 사업체 수(개)

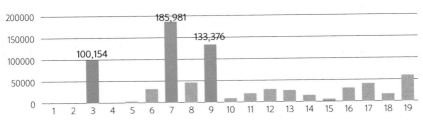

산업별 20인 미만 종사자 수(명)

주 : 1. 농업, 임업 및 어업, 2.광업, 3.제조업, 4.전기,가스,증기 및 수도사업, 5. 하수·폐기물처리, 원료재생 및 환경복원업, 6.건설업, 7. 도매 및 소매업, 8.운수업, 9. 숙박 및 음식점업, 10. 출판,영상, 방송통신 및 정보서비스업, 11. 금융 및 보험업, 12. 부동산업 및 임대업 13. 전문, 과학 및 기술서비스업, 14. 사업시설관리 및 사업지원서비스업, 15. 공공행정, 국방 및 사회보장 행정, 16. 교육서비스업, 17. 보건업 및 사회복지서비스업, 18. 예술, 스포츠 및 여가관련 서비스업, 19. 협회 및 단체, 수리 및 기타개인서비스업

·자료 : 고용노동부, 전국사업체조사

부산지역 전체 사업체의 2005~2015년간 평균 일자리 창출률은 16.65%, 일자리 소멸률은 12.43%이다. 이는 매년 평균 100개의 일자리중 약 17개의 일자리가 새로 생기고, 약 12개의 일자리가 사라짐을 의미한다. 순일자리 증가율은 4.21%이며, 전체 일자리 변동을 의미하는 일자리 재배치율은 29.08%이다. 순일자리 증가를 제외하고 추가로 발생한 일자리 변동을 의미하는 초과일자리 변동률은 24.86%, 경제적 요인에 의한 일자리 변동으로 요구되는 최소한의 근로자 이동을 의미하는 최소필요근로자 이동률은 16.65%로 일자리 창출률과 동일하다.

<표 2-1> 부산지역 일자리 창출과 소멸(전체 사업체)

(단위 : %)

년도	일자리 창출률	일자리 소멸률	순일자리 증가율	일자리 재배치율	초과일자리 변동률	최소필요 근로자 이동률
2005	19.19	12.87	6.32	32.05	25.73	19.19
2006	18.29	12.17	6.12	30.46	24.34	18.29
2007	17.24	12.20	5.04	29.44	24.40	17.24
2008	16.66	13.09	3.58	29.75	26.17	16.66
2009	15.39	13.65	1.74	29.04	27.30	15.39
2010	15.80	12.05	3.75	27.85	24.11	15.80
2011	17.55	12.50	5.05	30.06	25.00	17.55
2012	16.10	12.38	3.72	28.48	24.76	16.10
2013	15.33	11.50	3.84	26.83	22.99	15.33
2014	15.98	12.05	3.93	28.03	24.10	15.98
2015	15.58	12.29	3.29	27.86	24.58	15.58
평균	16.65	12.43	4.21	29.08	24.86	16.65
표준편차	1.21	0.56	1.32	1.48	1.17	1.27

·자료 : 한국고용정보원, 고용보험 DB 원자료, 권우현(2016)에서 재인용

11) 이에 대한 이하의 논의는 권우현(2016), p.95-105에서 발췌 요약한 것이다.

전체 사업체의 일자리 창출률은 2005년 19.19%에서 2015년 15.58%로 추세적으로 하락하고 있는 반면, 일자리 소멸률은 2005년 12.87%에서 2015년 12.29%로 상승과 하락을 반복하지만 큰 변화 없이 일정 수준을 유지하고 있다 (일자리 소멸률의 표준편차는 0.56으로 일자리 창출률의 표준편차 1.21에 비해 작아 변동성이 작다).

그러므로 순일자리 증가율의 변화 패턴은 일자리 창출률의 변화 패턴과 유사한 모습을 보이고 있으며, 부산지역의 경기 상황(지역내 총생산의 변화)과 일자리 변동과의 관계에서 순일자리 증가율과 지역내 총생산 증가율과의 상관관계(상관계수 0.6230)가 높은 것으로 나타나 일자리 창출이 경기순응적임을 보여준다.

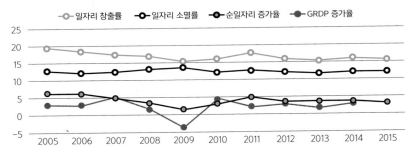

<그림 2-7> 일자리 변동률과 경제성장률(전체 사업체)

·주 : 경제성장률은 부산광역시 지역내총생산(GRDP) 증가율임.
·자료 : 통계청, 지역내총생산, 한국고용정보원, 고용보험 DB 원자료

부산지역 지속 사업체의 2005~2015년간 평균 일자리 창출률은 9.19%, 일자리 소멸률은 7.07%이며, 이는 매년 평균 100개의 일자리중 약 9개의 일자리가 새로 생기고, 약 7개의 일자리가 사라짐을 의미한다. 순일자리 증가율은 2.12%, 전체 일자리 변동을 의미하는 일자리 재배치율은 16.26%이며, 초과 일자리 변동률은 14.14%, 최소필요근로자 이동률은 9.19%로 일자리 창출률

과 동일하고, 지속 사업체의 일자리 변동률은 전체 사업체에 비해 모든 변동률 수치에서 크게 낮은 수준이다.

<표 2-2> 부산지역 일자리 창출과 소멸(지속 사업체)

(단위 : %)

년도	일자리 창출률	일자리 소멸률	순일자리 증가율	일자리 재배치율	초과일자리 변동률	최소필요 근로자 이동률
2005	11.01	7.33	3.68	18.34	14.67	11.01
2006	10.76	7.03	3.74	17.79	14.05	10.76
2007	9.84	7.17	2.66	17.01	14.35	9.84
2008	9.01	7.38	1.64	16.39	14.76	9.01
2009	8.45	8.18	0.27	16.62	16.35	8.45
2010	9.26	6.96	2.30	16.22	13.92	9.26
2011	10.16	6.83	3.33	16.98	13.65	10.16
2012	8.29	6.90	1.39	15.20	13.81	8.29
2013	8.15	6.71	1.44	14.86	13.41	8.15
2014	8.17	6.71	1.46	14.89	13.43	8.17
2015	8.00	6.58	1.42	14.58	13.16	8.00
평균	9.19	7.07	2.12	16.26	14.14	9.19
표준편차	1.10	0.45	1.11	1.25	0.90	1.10

·자료 : 한국고용정보원, 고용보험 DB 원자료, 권우현(2016)에서 재인용

지속 사업체의 일자리 창출률은 2005년 11.01%에서 2015년 8.0%로 추세적으로 하락하였으며, 일자리 소멸률 역시 동기간 7.33%에서 6.58%로 하락하였다. 일자리 변동의 폭은 창출률이 소멸률보다 크다(창출률의 표준편차는 1.10, 소멸률의 표준편차는 0.45). 일자리 변동률의 변화 패턴은 전체 사업체와 유사한 모습을 보여주며, 순일자리 증가율과 지역내 총생산 증가율과의 상관계수는 0.5615로 일자리 창출이 경기순응적임을 보여주고 있다.

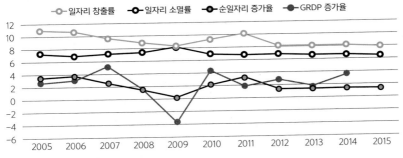

<그림 2-8> 일자리 변동률과 경제성장률(지속 사업체)

·주 : 경제성장률은 부산광역시 지역내총생산(GRDP) 증가율임.
·자료 : 통계청, 지역내총생산, 한국고용정보원, 고용보험 DB 원자료

일자리 창출을 진입 사업체와 지속 사업체로 구분하여 보면, 2005~2015년 간 연 평균 91,938개의 일자리가 창출되었으며, 이 가운데 지속 사업체의 확장으로 인한 일자리 창출은 55.08%이며, 신규 사업체의 진입으로 인한 일자리 창출은 44.92%로 나타났다. 2005~2015년간 일자리 창출의 패턴을 보면, 지속 사업체의 확장으로 인한 일자리 창출은 점차 감소하는 반면 신규 사업체의 진입으로 인한 일자리 창출은 점차 증가하는 추세이다.

일자리 소멸을 지속 사업체와 퇴출 사업체로 구분하면, 2005~2015년간 평균 68,969개의 일자리 소멸 가운데 지속 사업체의 축소로 인한 일자리 감소가 56.87%이며, 사업체 퇴출로 인한 일자리 소멸은 43.13%로 나타났다. 2005~2015년간 지속 사업체의 축소로 인한 일자리 소멸이 사업체 퇴출로 인한 일자리 소멸에 비해 큰 비중을 유지하고 있으나 2009년 이후 사업체 퇴출로 인한 일자리 소멸이 점차 늘어나는 추세이다.

<표 2-3> 부산지역 일자리 창출과 소멸의 구조

(단위 : 개, %)

년도	일자리 창출			일자리 소멸		
	창출량 (개)	진입 사업체 창출	지속 사업체 확장	소멸량 (개)	퇴출 사업체 소멸	지속 사업체 축소
2005	85,829	42.62	57.38	57,563	43.00	57.00
2006	86,564	41.13	58.87	57,612	42.26	57.74
2007	86,114	42.96	57.04	60,940	41.22	58.78
2008	86,851	45.90	54.10	68,210	43.61	56.39
2009	82,246	45.11	54.89	72,963	40.10	59.90
2010	86,430	41.41	58.59	65,934	42.26	57.74
2011	100,294	42.14	57.86	71,432	45.40	54.60
2012	95,872	48.49	51.51	73,723	44.24	55.76
2013	94,680	46.84	53.16	70,990	41.66	58.34
2014	102,678	48.84	51.16	77,437	44.28	55.72
2015	103,756	48.66	51.34	81,855	46.45	53.55
평균	91,938	44.92	55.08	68,969	43.13	56.87
표준편차	7,734	3.01	3.01	7,873	1.88	1.88

·자료 : 한국고용정보원, 고용보험 DB 원자료, 권우현(2016)에서 재인용

2005~2015년간 부산지역의 연평균 일자리 창출률 16.65%는 신규 사업체 진입으로 인한 일자리 창출률 7.45%와 지속 사업체의 확장으로 인한 일자리 창출률 9.19%의 합이며, 한편 동기간 부산지역 연평균 일자리 소멸률 12.43%는 사업체 퇴출로 인한 일자리 소멸률 5.36%와 지속 사업체의 축소로 인한 일자리 소멸률 7.07%의 합이다.

일자리 창출률과 소멸률 모두 지속 사업체가 신규 사업체나 퇴출 사업체보다 크고, 일자리 변동성(표준편차)도 큰 것으로 나타났다.

<表 2-4> 부산지역 일자리 창출과 소멸의 분해

(단위 : %)

년도	일자리 창출			일자리 소멸		
	창출량	진입	지속	소멸량	퇴출	지속
2005	19.19	8.18	11.01	12.87	5.53	7.33
2006	18.29	7.52	10.76	12.17	5.14	7.03
2007	17.24	7.41	9.84	12.20	5.03	7.17
2008	16.66	7.65	9.01	13.09	5.71	7.38
2009	15.39	6.94	8.45	13.65	5.47	8.18
2010	15.80	6.54	9.26	12.05	5.09	6.96
2011	17.55	7.40	10.16	12.50	5.68	6.83
2012	16.10	7.81	8.29	12.38	5.48	6.90
2013	15.33	7.18	8.15	11.50	4.79	6.71
2014	15.98	7.80	8.17	12.05	5.34	6.71
2015	15.58	7.58	8.00	12.29	5.71	6.58
평균	16.65	7.45	9.19	12.43	5.36	7.07
표준편차	1.27	0.45	1.10	0.58	0.31	0.45

·자료 : 한국고용정보원, 고용보험 DB 원자료, 권우현(2016)에서 재인용

3. 창업 현황

부산광역시는 창업과 관련해 부산시 민선 6기 이후 창업지원과를 신설한 이후 각종 창업지원 인프라를 기존의 3개 기관 25개소에서 12개 기관 38개소로 확충하였고, 보육업도 624개에서 842개로 확대하였다. 창업 인프라 확충은 기존의 6개 773억 원인 창업펀드가 14개 1,870억 원으로 증가하고 이로 인해 신규창업이 2016년 6월 기준으로 935개로 증가하였으며, 특히 237개의 IT·정보통신 중심 기술창업으로 인해 창업과 관련해 양적 질적 성과를 거두고 있다.

창업 현황을 세부적으로 살펴보면 다음과 같다. 먼저 창업과 관련해 신규 사업자의 경우 2014년에는 개인 61,434명, 법인 160명 등 총 67,594명에서 2015년에는 개인 65,108명과 법인 6,880명 등 총 71,988명으로 6.5% 증가하였다. 2016년 6월 기준으로 신규 사업자는 개인 37,736명, 법인 4,049명

등 총 41,785명이다.

기술창업과 관련해 정보통신업 중심의 신설법인은 2014년 201개 기업에서 2015년에는 215개 기업으로 14개 기업이 증가하였다. 이는 IT 창업지원기관이 집중되어 있는 해운대구를 중심으로 각종 소프트웨어 개발 및 공급업, 컴퓨터 프로그래밍, 시스템 통합 및 관리업 창업이 증가한 것이다. 2016년 9월기준 정보통신업내 신설법인은 164개로 전반적인 경기침체로 누적 업체수는 감소하였으나, 특히 기존 소프트웨어 개발에서 드론, 영상미디어, 전자화폐 등 다양한 분야로 창업이 확대되고 있다. 특히 벤처기업의 인증수는 2014년 2,150개, 2015년 2,140개, 2016년 10월 2,152개로 지속적으로 확대되고 있는 것으로 나타났다. 제조업, 출판·영상·방송통신 및 정보서비스업, 전문과학 및 기술서비스업에서는 2013년 3,093개 기업, 종사자 14,778명, 연간매출액 1조 3,267억이었으며, 2014년 3,092개 기업, 종사자 13,292명, 연간매출액 9,510억으로 나타났다.

<표 2-5> 벤처기업 인증 현황

연도별	제조업	정보처리 S/W	연구개발 서비스	건설운수	도소매업	농·어· 임광업	기타	합계
'16.10월	1,602	237	17	43	28	1	224	2,152
'15년	1,604	221	17	47	27	1	223	2,140
'14년	1,670	206	13	39	20	2	200	2,150

·자료 : 부산광역시, 2016

창업자금 지원과 관련해 창업펀드는 2014년에 6개 773억 원에서 2016년에 14개 1,870억 원으로 8개 창업펀드 1,097억 원이 증가하였다. 펀드투자에서도 2014년 17개 195억 원, 2015년 22개 208억 원, 2016년 11월 31개 190억 원으로 나타났다. 기술창업보증은 2014년 1,778개 2,940억 원에서

2015년 1,968개 3,456억 원으로, 2016년 10월에는 1,957개 3,287억 원
으로 나타났다. 소상공인 창업특례 자금 지원은 2014년 174개 기업 37억 원에
서 2015년 830개 기업 204억 원, 2016년 883개 207억 원으로 증가하였다.
창업기업의 매출액은 2014년 787개 기업 1,915억 원에서 2015년 948개 업
체 2,454억 원으로 28.1% 증가하였다.

한편, 창업인프라 및 보육기업 현황은 다음과 같다. 대부분 창업보육센터, 창
업지원센터, 창업카페가 중심을 이루고 있고, 2015년 이후 급증하고 있다.

<표 2-6> 부산지역 창업인프라 및 보육기업 현황

시설명	개소일	규모(㎡)	위치	주요사업
창업보육센터(17개소)	계속사업	–	지역대학 등 17개소	403개 기업 보육
모바일앱센터(7개소)	계속사업	–	센텀시티, 대학 등	21개 기업
창업지원센터	'15. 2월	5,322㎡	부경대 용당캠퍼스	연간 200개팀 보육
창조경제혁신센터	'15. 3월	2,972㎡	센텀시티	87개팀 보육
센터기술창업타운	'16. 4월	11,372㎡	센텀시티	민간 투자자 운영, 24개 팀 보육
재창업 성공캠프	'16. 7월	1,088㎡	부경대 용당캠퍼스	36개팀 입주
창업카페1호점	'15. 7월	320㎡	송상현 광장	19개사 창업
창업카페2호점(부경대)	'16. 6월	359㎡	부경대 대연캠퍼스	Pre BI 교류지원
창업카페3호점(부산대병원)	'16. 8월	513㎡	아미동 부산대병원	메디컬ICT 의료기기 특화
엔젤스타트업 카페	'16. 9월	엔제리너스 5개소	서면,덕천,사상 등	10개팀 시범선발
가상증강현실(VR)	'16. 6월	458㎡	센텀시티	기업유치 5개사
스마트벤처창업학교	'16. 6월	377㎡	센텀시티	27개팀 선정

·자료 : 부산광역시, 2016

창업기업의 일자리와 관련해서는 2013년 116,852개 기업 415,837명에서
2014년 121,708개 기업 426,434명으로 10,597명이 증가하였다. 마지막으
로 부산지역 창업기업 생존율을 살펴보면 다음과 같다. 우선 부산경제진흥원 창
업지원센터를 통해 지난 5기 동안 수료한 기업체는 783개 기업이고 이 가운데

수료기업의 생존률은 71.1%로 나타났다. 이는 부산지역 평균 42.0%와 전국평균 41.36%보다 상당히 높은 것으로 나타났다. 특히 창업생존율의 가장 중요한 시점인 3년차 생존율을 보면 부산경제진흥원 창업지원센터 수료기업은 70.2%로 매우 높게 나타나고 있다. 이는 부산지역 평균 38.6%나 전국평균 38.2%의 거의 두배 가까이 높게 나타났다.

<표 2-7> 부산지역 창업기업 생존율

항목	합계	1기 업체 (11.6월 졸업)	2기 업체 (12.6월 졸업)	3기 업체 (13.6월 졸업)	4기 업체 (14.6월 졸업)	5기 업체 (15.6월 졸업)
수료기업(업체)	783	148	150	158	161	166
창업유지(업체)	557	71	96	111	139	140
수료기업 생존율	71.1%	47.9%(5년차)	64%(4년차)	70.2%(3년차)	86.3%(2년차)	84.3%(1년차)
부산평균	42%	29.9%	32.7%	38.6%	47.9%	60.9%
전국평균 창업기업 생존율	41.36%	29%	32.2%	38.2%	47.3%	60.1%

* '15. 12월 경제진흥원 창업지원센터 졸업기업 표본조사와 부산·전국 평균 비교
·자료 : 부산광역시, 2016

새로운 지역 틈새일자리 프로젝트
부산형 착한기업 2012~2016

—

03

제 3 장

—

부산형 착한기업 육성사업의 주요 특성과 성과

부산형 착한기업 육성사업의 주요 특성과 성과

부산형 착한기업 육성사업은 공급자 중심의 고용지원 및 일자리 창출의 한계를 '부산광역시 고용촉진지구 시범운영 사업'에서 일정 부분 확인하고, 이를 개선하기 위해 공급자–수요자간 균형적 시각에서 통합적인 연계를 통해 실질적인 부산의 고용창출에 기여하고자 하는 것이다. 이하에서는 지난 5년간 연속적으로 추진되어온 부산형 착한기업 육성사업의 주요특성과 성과를 살펴본다.

1. 주요 특성

이미 전술하였듯이 부산형 착한기업은 '부산지역 내 소재하는 20인 이하의 영세 소기업 및 창업기업으로서, 적은 규모의 지원에도 불구하고 지속적인 노력과 열의를 통해 지속 가능한 상용직 신규 일자리를 창출하고 중장기적으로 지역사회에 기여하려는 기업'을 의미한다. 그리고 부산형 착한기업 육성사업의 주요 내용과 목적은 "상용직 신규 일자리 창출을 위해 사전 컨설팅을 거쳐 최소한의 OJT 훈련비 혹은 창업지원금을 사후적으로 지원하고, 참여기업 간의 자발적인 정보교류와 협력을 통해 기업을 더욱 성장 발전시키고, 나아가 이를 통해 받은 혜택을 다시 지역사회에 환원하는 기업을 육성하려는 사업"이다.

따라서 지난 5년간 추진해 온 부산형 착한기업 육성 사업의 주요 특성을 요약하면 다음과 같다. 첫째, 처음부터 맞춤형 기업수요를 직접 창출하는 사업이었다. 기존의 사업은 대학, 직업훈련기관 중심으로 산업군 전체의 수요-공급 측면에서 개략적으로 매칭하기 때문에 근본적으로 미스매치가 발생하는 구조였다. 그 동안 고용노동부의 지역맞춤형 일자리창출 지원사업의 대부분이 직업훈련기관을 통한 훈련생 공급 중심으로 진행되어 온 미스매치의 한계를 극복하기 위해 '채용약정형 OJT'와 '사전 컨설팅에 기초한 창업'을 통해 '직접 기업수요를 창출'하려는 틈새 일자리창출 프로젝트라는 특성을 지니고 있다.

둘째, 사업 전 과정의 매뉴얼화가 이루어졌다는 점을 들 수 있다. 2012년부터 추진해 온 그간의 경험과 노하우를 바탕으로 만든 OJT 8단계, 창업 7단계 등 분야별로 표준화된 진행 프로세스와 체계적인 매뉴얼을 통해 타 지역에서도 바로 활용될 수 있는 '일반화된 모델'을 구축하고 있다.[12]

셋째, 자발적인 선순환 구조를 지향하고 있다는 점을 들 수 있다. 채용약정형 OJT와 창업이라는 서로 다른 영역의 사업을 착한기업이라는 개념으로 묶어 참여기업 간 자발적인 정보공유 및 협력을 통해 공동 성장할 수 있는 발판을 마련하였고, 향후 이렇게 받은 혜택을 자발적으로 사회에 환원하는 선순환 구조의 구축을 지향하고 있다. 이를 위해 2015년 11월에 60여개의 착한기업 CEO들이 자발적으로 만든 '부산형 착한기업 클럽'이 공식출범하였으며, 부산의 착한기업 문화 확산을 위해 노력 중이다.

---

12) 이에 대한 보다 상세한 매뉴얼은 부록을 참조하기 바란다.

<표 3-1> 기존의 창업지원 방식과 부산형 착한기업 창업지원 방식의 차이

구분	기존의 (청년)창업	부산형 착한기업	비고
모집대상	39세 이하의 예비창업자 및 창업 후 3년 이하인 자	기술 및 사업화 계획을 가진 창업 희망자(비창업자)	순수 창업희망자를 대상
모집방법	공모기간내 대상자 선정	수시모집	사업화가 가능한 창업자 지속적 모집
선정방법	서류 → 면접 → 심층심사	서류 → 집중상담 → 면접 → 컨설팅 → 협약	창업가 마인드 및 시장성 중심의 창업선정
지원내용	창업공간, 창업코칭, 창업교육 창업공간제공	창업예정자가 원하는 교육 및 전문 컨설팅 제공	창업분야에 맞는 교육 및 컨설팅 개별 진행
지원조건	사업계획서, 창업 (개인 및 법인 가능)	창업후 3명의 고용창출 (법인 창업만 인정)	사업의 지속적을 위한 법인 창업과 사주를 제외한 3명의 신규 고용창출
지원금액	1년간 최대 1억원	최대 3천만원(2015~2016년) (2013년 1,500만원, 2014년 2,000만원 지원)	
지원방법	사업화 과정 중 지원	사업화 완료 후 지원	지원금은 사후 정산 최종 지원조건은 법인설립 증명서 및 3명 이상의 고용보험 가입증명서
연계지원	정책자금, 판로지원, 입지 등	창업분야 및 창업에 필요한 내용 (자금, 운영, 시설 등)에 따라 차별화 지원 · 사업단에서 직접 유관기관 연계	창업자가 필요한 분야에 대해 연계지원 · 수출지원 → 한국무역협회 · 자금지원 → 한국기술보증 등
사후관리	중소기업진흥공단 등	부산형 착한기업 클럽 조성을 통해 기업체 자체적 기업 운영 및 지원 생태계 조성(채용약정형 OJT 참여기업 포함)	창업된 기업중심으로 민간 스스로 조직화 지원

·자료 : 김종한(2015), 「부산형 착한기업 프로젝트의 성과 및 확산 방안」에서 재인용

다음으로 부산형 착한기업의 육성사업의 차별성은 '생활기술형 창업' 부문과 '채용약정형 OJT' 부문으로 나누어서 살펴볼 수 있다. 먼저 <표 3-1>은 기존의 창업과 부산형 착한기업 창업간의 차이를 비교한 표이다. 부산형 착한기업의 창업지원 방식은 기존의 1인 창업, 청년창업 등과 차별화되는 '생활기술 중심의 창업 및 재창업'을 지원하고 있으며, 특히 법인 창업을 전제로, 창업과 동시에 3명 이상의 종업원을 채용하고 이를 1년간 유지할 수 있는 모듈로 구성되어 있다. 특히, 창업희망자의 기업가정신, 사업의 현실성·실현성 등에 대해 3차에 걸친 상담, 심사, 사전적 컨설팅을 통해 확인한다. 그리고 가능성 있는 창업자에 대해

창업 해당 분야의 맞춤식 교육과 기술보증기금 등 타 기관의 창업지원제도와의 연계를 통한 기업맞춤형 지원방안을 마련하고 있다. 이처럼 부산형 착한기업 육성사업에서 창업지원 방식은 기존의 창업지원 방식과 비교하여 모집방법, 선정방법, 지원내용, 연계지원, 사후관리 등 대부분 차별화되어 있으며, 무엇보다 창업지원 방식이 사전적이고 일자리창출과 직접적으로 연계되어 있다는 점이 특징적이다.

다음으로 창업지원 프로세스를 정리하면 다음과 같다. 모두 7단계에 걸쳐 지원이 이루어지고 있으며, 무엇보다 창업지원이 확정되는 6단계에 이르기 전에 집중상담(2단계), 면접심사(3단계), 컨설팅(4단계), 맞춤식 교육지원(5단계)이라는 사전적 지원에 초점을 맞추고 있다. 또한 중년층의 경우 창업·재창업시 제안서를 작성하는데 상당한 애로를 겪고 있는 점을 감안하여 1단계의 지원신청시 2-3쪽 이내의 핵심 사업아이템과 창업자의 의지만을 확인할 수 있도록 신청서 작성을 최대한 간소화하였다.

<표 3-2> 창업지원 프로세스 요약

1단계	2단계	3단계	4단계	5단계	6단계	7단계
지원 신청	집중 상담	면접 심사	컨설팅 (협약)	맞춤식 교육지원	창업지원 (사업화)	창업완료 (법인창업)

· 창업 지원신청 후 실무자와 1:1 집중상담을 통해 기초적인 사업화 가능성 확인
· 면접심사를 통해 기업가정신, 사업의 실현성 등을 종합하여 컨설팅 여부 확정
· 컨설팅 종료 후 창업가능성이 높은 창업자와 협약체결, 맞춤형 교육지원
· 관련기관과 연계하여 특허출원 등 지원
· 법인창업, 종업원 고용(3명)에 대한 관련서류 증빙 후 창업지원금 사후 정산

2. 주요 성과

지금까지 살펴본 부산형 착한기업 육성사업의 차별화 전략에 기초하여 2012~2016년도까지의 창업지원과 채용약정형 OJT 지원이 이루어졌으며, 이하에서는 그 동안의 주요 성과를 살펴본다. 먼저 2015년 기준 부산지역 창

업 기업수는 약 12만8천개로 그 중 창업 업종은 도·소매업과 숙박·음식점 비중이 45.6%를 차지하고 제조업은 9.2%로 작은 편이다. 반면 부산형 착한기업의 창업업체는 2012~2016년을 기준으로 한 40개 업체 중 제조업은 23개 업체로 57.5%의 비중을 차지한다.

이처럼 부산형 착한기업 육성사업에서 창업지원 업종이 제조업 분야에 집중되게 된 주된 이유는 주로 한 두 번의 창업경험이 있는 중년층의 생활기술형 재창업에 우선순위를 두려고 한 내부 기준 때문이다. 최근 청년층을 중심으로 한 다양한 창업지원제도가 우후죽순처럼 생겨나고 있음에 반해, 생계유지형이 아닌 '생활기술형' 재창업에 초점을 맞춘 틈새정책을 지향하였기 때문이다. 물론 나름대로 우수하다고 판단되는 IT업종이나 서비스업에도 문호를 개방하였다.

<그림 3-1> 부산지역 창업 및 부산형 착한기업 창업 현황

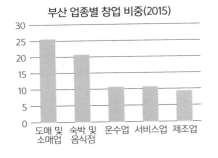

부산 업종별 창업 비중(2015)

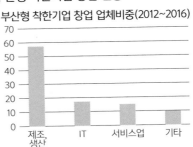

부산형 착한기업 창업 업체비중(2012~2016)

창업지원 기간에 따른 업체 유지율과 관련하여 2012년에서 2015년 12월까지 총 33개 창업기업과 118명의 일자리창출이 이루어졌는데 2016년 3월 현재 28개 기업이 생존해 있고, 고용유지 또한 113명으로 95.8%의 고용유지율을 보이고 있다.

<표 3-3> 부산형 착한기업 창업지원 후 유지 현황

구분	년도	유지율(2015년 기준)		지원초기 현황		현재현황(2016년 기준)		비고
		기업수	근무인원	기업수	근무인원	기업수	근무인원	
창업기업	2012	77.8	69.0	9	29	7	20	2개 기업 역외 이전
	2013	71.4	87.0	7	23	5	20	2개 기업 폐업
	2014	85.7	131.8	7	22	6	29	1개 기업 역외 이전
	2015	100.0	100.0	10	44	10	44	
총계		84.8	95.8	33	118	28	113	

또한 2012년~2016년 11월까지 부산형 착한기업 육성사업을 진행하면서 창업지원 성과를 살펴보면 지난 5년 동안 총 40개의 창업 기업과 118명의 고용창출을 목표로 하였으며 실제 40개 기업을 창업하였고 160명의 고용을 창출하여 목표 고용인원 대비 평균 136%의 성과를 보여주고 있다.

<표 3-4> 창업기업 및 고용창출 목표 대비 추진 실적

(단위 : 개, 명, %)

년도	계획		추진실적		계획대비 추진실적(%)	
	기업수	고용인원	기업수	고용인원	기업수	고용인원
2012	6	18	6	29	100	161
2013	7	20	7	23	100	115
2014	7	20	7	22	100	110
2015	10	30	10	44	100	147
2016	10	30	10	42	100	140
총계	40	118	40	160	100	136

한편, 창업기업의 업종별 현황을 살펴보면, 제조업에서 총 24개 기업이 창업을 하였고, IT·디자인 업종에서 각 9개, 서비스업 4개 기업 등으로 나타났다.

<표 3-5> 창업기업의 업종별 현황

(단위 : 개, 명)

사업년도	추진실적		업종					
	기업수	근무인원	제조업	서비스업	교육	IT·디자인	건축·설계	기타
2012	6	29	1	1	-	4	-	-
2013	7	23	4	-	-	3	-	-
2014	7	22	6	-	-	1	-	-
2015	10	44	8	-	1	-	1	-
2016	10	42	5	3	1	1	-	-
계	40	160	24	4	2	9	1	0

한편, 채용약정형 OJT의 경우 2012년부터 2016년까지 총 205개 기업을 지원하였으며, 제조업이 133개로 전체의 64.9%를 차지하고 있고, 그 다음으로 IT 업종 44개, 기타 16개의 순이다. 2012년에서 2014년까지는 지원업체가 30개 이내였으나 2015년부터 60개 이상으로 크게 증가하였다.

<표 3-6> 채용약정형 OJT 기업 업종별 현황(2012~2016)

(단위 : 개)

구분	제조업	IT업	교육업	식품제조업	건축관련업	기타	계
2012	13	5	0	0	0	3	21
2013	13	11	0	1	0	1	26
2014	18	7	0	2	2	0	29
2015	45	11	2	0	3	4	65
2016	44	10	0	1	1	8	64
총계	133	44	2	4	6	16	205

·주 : 년도별 중복지원업체포함

채용약정형 OJT의 신규채용 현황을 살펴보면, 2012년부터 2016년까지 총 464명의 신규채용이 이루어졌다. 산업별로는 제조업이 330명으로 전체의 71.1%이며, IT업이 86명, 기타가 17명, 식품제조업이 14명, 건축관련업이 13명, 교육업이 4명의 순으로 나타났다.

\<표 3-7\> 채용약정형 OJT 신규채용 현황(2012~2016)

(단위 : 명)

구분	제조업	IT업	교육업	식품제조업	건축관련업	기타	계
2012	43	8	0	0	0	8	59
2013	31	32	1	1	0	1	66
2014	44	17	0	8	2	0	71
2015	118	16	3	0	8	3	148
2016	94	13	0	5	3	5	120
총계	330	86	4	14	13	17	464

2014년에서 2016년 채용약정형 OJT기업의 신규채용지원의 연령대별 특성을 보면 34세까지가 118명 34.8%이며, 35세에서 44세가 103명 30.4%이며, 45세에서 54세가 58명, 55세 이상이 60명으로 나타났다.

\<표 3-8\> 신규채용지원 연령대별 특성(2014~2016)

(단위 : 명)

구분	채용약정형 OJT 취업생 연령				
	34세까지	35세~44세	45세~54세	55세이상	계
2014	32	17	10	12	71
2015	28	60	26	34	148
2016	58	26	22	14	120
총계	118	103	58	60	339

·주 : 2014년도부터 주민번호를 수집하여 2014년도부터 연령별 통계 정리

이상에서 살펴본 지난 5년간의 부산형 착한기업 육성사업의 주요 양적 성과는 기존의 일반적인 창업지원사업과 비교하여 괄목할만한 것으로 판단된다. 그러나 아직 이러한 성과가 성공적이라고 판단하기에는 다소 성급하다. 왜냐하면 부산형 착한기업 육성사업이 매년 60개 이상 기업으로 본격화 된 것은 2015년 이후이기 때문이다. 또한 창업지원 역시 2015년 이후부터 매뉴얼이 체계화되었기

때문에 이들 기업의 3년 이상 생존률이 어느 정도일지 지켜볼 필요가 있다.

　다음으로 부산형 착한기업 육성사업의 질적인 측면에서의 성과를 요약하면 다음과 같다. 첫째, 고용노동부의 지역맞춤형 일자리창출 지원사업의 새로운 분야를 개척하였다는 점이다. 즉, 이제까지 지역맞춤형 일자리창출 지원사업에서는 창업지원과 채용약정형 OJT지원 자체가 허용되지 않았다. 특히 OJT사업은 실업자가 아닌 재직자를 대상으로 하고 있다는 점에서 지원대상에서 제외되었다. 그러나 부산형 착한기업 육성사업에서는 창업지원도 최소한의 고용을 전제로 지원하고, 채용약정형 OJT지원 역시 채용약정형 모델을 차용함으로써 실업자 지원이 가능하게 되었다. 이처럼 부산형 착한기업 육성사업은 기존의 지역맞춤형 일자리창출 지원사업의 새로운 지원분야를 개척하였다는 의의를 가진다.

　둘째, 부산형 착한기업 육성사업은 단순히 영세기업 육성 자체에 머무르지 않고 이들 기업들 간의 네트워크를 활성화하는 데 기여하였다는 점이다. 특히 지난 3-4년간 지속적인 네트워크 구축 사업을 통해 마침내 2015년 11월에 '부산형 착한기업 클럽'이 자발적으로 결성되었다[13]. 아직 걸음마 수준에 불과하지만 향후 '부산형 착한기업 클럽'의 자발적인 선순환 구조가 어떻게 구축되는가에 따라 부산형 착한기업 육성사업의 성패가 좌우된다고 하겠다.

　셋째, 부산형 착한기업 육성사업은 창업지원의 새로운 모델을 개척하였을 뿐만 아니라 '채용약정형 OJT'라는 새로운 기업 맞춤형 훈련 방식을 개척하였다는 점에서 일자리창출 사업의 새로운 지평을 열었다는 의의를 가진다. 부산형 착한기업 육성사업을 시작하던 2011년과 2012년만 해도 이 사업을 홍보하는데 매우 큰 난관에 봉착하였으나 2013년부터는 기업 CEO들의 구전효과 덕분에 크게 홍보를 하지 않고도 부산형 착한기업 육성사업에 신청하는 기업이 꾸준히 늘

---

13) 이와 관련된 보다 상세한 내용은 갈무리 글에서 다루어질 것이다.

어나고 있다. 이처럼 지원 받은 기업들의 직접적인 구전 홍보효과야 말로 부산형 착한기업 육성사업을 통해 지난 5년간 연속적으로 우수한 일자리창출 성과를 낳게한 일등공신이라 하겠다.

마지막으로 부산형 착한기업 육성사업은 지역경제와 일자리 창출에 직접적으로 기여하였을 뿐만 아니라 지역 매스컴의 주목을 받았고, 그로 인해 타지역으로부터 벤치마킹의 대상이 되었다. 특히 사업자체의 매뉴얼화를 통해 타 지역에서도 쉽게 적용할 수 있도록 하였다는 점에서 그 의의가 크다 하겠다.

한편, 부산형 착한기업 육성사업을 수행하고 있는 원스톱취업센터에서는 창업 후 신규직원 채용 및 컨설팅, 국가지원 사업 등의 정보를 꾸준히 지원하고 있다. 2012~2016년까지의 부산형 착한기업 참여업체를 대상으로 자율적 네트워크가 마련되었고 일자리 창출 프로젝트 홍보 및 착한기업의 저변확대를 위한 활동을 꾸준히 하고 있다. 이처럼 원스톱취업지원센터를 기반으로 한 부산형 착한기업 육성사업은 고용을 매개로한 기업지원이라는 보다 직접적이고 효율적인 메커니즘을 구축하였다.

제 4 장

—

부산형 착한기업
설문조사 분석

부산형 착한기업 설문조사 분석[14]

1. 조사 개관

1) 조사 목적 및 대상

지난 5년간 부산형 착한기업 육성 사업 전반에 대한 수혜기업들의 자체 평가를 위해 부산형 착한기업으로 선정된 기업을 대상으로 전수조사를 실시하였다. 지난 5년간 약 250여개 기업을 선정하여 다양한 상담과 컨설팅을 진행해 왔으나 이들 기업이 부산형 착한기업 육성 사업에 대해서는 어떠한 생각을 하고 있는지 알 수 없었다. 차제에 수혜기업들을 대상으로 부산형 착한기업 육성 사업에 대한 진솔한 견해를 모아 정리함으로써 앞으로 부산형 착한기업 육성사업의 보다 실효성 있는 지원정책을 개발하는 데 활용하고자 한다.

2) 표본 설계 및 주요 내용

전체적인 조사 대상은 2012년부터 2016년 9월까지 지원한 부산형 착한기업 육성사업으로 지원받은 채용약정형 OJT 및 창업형 등 약 240여개 기업을 대상

---

14) 이 장은 김종한·류장수·박성익·이근호(2016. 12), 『부산형 착한기업 육성 및 일자리 창출 프로젝트 사례집』, 고용노동부·부산광역시·부산고용포럼 제2장을 수정·보완한 것이다.

으로 실시하였고 설문지에 응답한 기업은 총 151개 기업이었다. 설문지 응답 대상은 기업 대표 혹은 실무 담당자로 하였으며, E-mail, 전화, 팩스, 방문조사 등을 활용하여 조사하였다.

주요 조사내용은 다음과 같다. 먼저 기업의 일반적 현황에서는 소속기업명, 산업, 지원 형태, 지원받은 연도 및 채용인원, 지원 인력의 현재 고용실태, 종업원 현황, 응답자 현황 등에 대해 질의하였다. 부산형 착한기업 육성사업 지원 및 수행과정과 관련해서는 사업지원 정보 인식, 만족도를 조사하였으며, 채용약정형 OJT 기업에 대해서는 신청사유, 인력채용 및 활용, 채용약정형 OJT 채용방식의 장점, 애로요인 등을 조사하였다. 창업형 기업에 대해서는 신청이유, 창업형 지원방식의 창업과정에 미친 영향, 장점 및 애로요인 등을 조사하였다. 부산형 착한기업 육성사업 지원 확대 방안과 관련해서는 전국적 사업으로 확산의 필요성, 향후 부산형 착한기업 육성사업의 발전을 위한 사항, 향후 해결해야 할 과제 등이며, 이와 아울러 부산형 착한기업 클럽 운영에 대한 사항들을 질의하였다.

<표 4-1> 표본설계

구분	내용
조사분야	부산형 착한기업 육성사업 지원을 받은 약 240개 기업 전수조사
표본크기	151개 기업
조사방법	이메일, 전화, 팩스
조사기간	2016.10.20~2016.11.5

3) 표본의 주요 특징

부산형 착한기업 육성 및 일자리 창출 지원 프로젝트 참여기업에 대한 설문조사 대상 응답자 및 기업 특징에 대한 분석 결과는 다음의 〈표 4-2〉와 같다.

<표 4-2> 설문조사 대상 응답자 및 기업 특징

(단위 : 명, 개, %)

구분	세부항목		유효표본	
			빈도	비율
응답자 특성	성별	남자	107	75.9
		여자	34	24.1
	연령별	30대 이하	75	49.7
		40대	40	26.5
		50대 이상	36	23.8
	학력	고졸이하	17	13
		전문대졸	22	17
		대졸이상	93	70
산업 특성	업종	제조업	105	70
		비제조업	46	30
	지원형태	창업형	28	18.3
		채용약정형 OJT	125	81.7
	지원년도	2011	1	0.7
		2012	7	4.6
		2013	20	13.2
		2014	20	13.2
		2015	58	38.4
		2016	45	29.8
전체			151	100

·주 : 지원형태– 창업형, 채용약정형 OJT 중복 6기업, 지원년도– 기업당 중복되는 년도는 복수로 계산

먼저 응답자 특성에서 성별은 '남자'가 107명으로 전체의 75.9%, '여자'가 34명으로 전체의 24.1%이다. 연령별로는 '30대 이하'가 75명으로 전체의 49.7%이며, '40대'는 40명으로 전체의 26.5%, '50대 이상'은 36명으로 전체의 23.8%이다, 학력에서는 '고졸이하'가 17명으로 전체의 13.0%, '전문대졸'이 22명으로 전체의 17.0%, '대졸이상'이 93명으로 전체의 70.0%이다.

조사대상 기업의 산업특성을 업종별로 보면 '제조업'이 105개로 전체의 70.0%이며, '비제조업'은 46개로 전체의 30.0%이다. 지원형태별로는 '창업형'이 28개 기업이며, '채용약정형 OJT'이 125개로 전체의 81.7%로 나타났다.

조사대상 기업 가운데 채용약정형 OJT 지원인력의 고용실태를 살펴보면 다음의 〈표 4-3〉과 같다. 먼저 '최초지원인력 고용유지'에서는 총 221명이 고용유지 되고 있으며, 2015년의 경우 96명으로 가장 많았으며, 그 다음으로 2016년 58명, 2014년 32명, 2013년 31명, 2012년 4명으로 나타났다. 2016년이 2015년보다 고용유지 숫자가 작은 것은 2016년 9월까지 지원받은 기업만을 대상으로 하였기 때문이다.

'최초지원인력 퇴사'의 경우 총 72명이 퇴사를 하였는데 2013년 26명, 2015년 18명, 2012년 17명, 2014년 10명의 순으로 나타났다. '대체고용인력 고용유지'에서는 총 65명이 퇴사자에 대한 대체고용인력으로 유지되고 있는데 2014년도 30명, 2013년도에는 25명, 2015년 5명으로 나타났다. 또한 부산형 착한기업으로 선정된 기업이 본 사업과 무관하게 기업의 자체 필요성에 의해 추가로 고용한 인력을 조사해 본 결과 2016년도 74명, 2013년도 59명, 2015년도에 35명으로 나타났다. 이러한 결과에 근거해 볼 때 부산형 착한기업에 선정된 기업의 경우 본 사업을 통한 고용증대 뿐만 아니라 기업 스스로의 추가적인 고용증대라는 간접적 효과도 적지 않았음을 알 수 있다.

<표 4-3> 채용약정형 OJT 지원인력의 고용실태

구분	2012	2013	2014	2015	2016.9	합계
최초지원인력 고용유지	4	31	32	96	58	221
최초지원인력 퇴사	17	26	10	18	1	72
대체고용인력 고용유지	3	25	30	5	2	65
기업자체 추가고용인력	2	59	5	35	74	175

·주 : 여기서 년도는 착한기업 지원년도를 의미함

---

15) 부산형 착한기업 육성사업에서는 최초 채용약정을 1년으로 하였기 때문에 만약 협약 체계 후 1년 이내에 근로자가 자발적으로 퇴사를 하게 될 경우 적어도 남은 기간 동안 기업에 대체인력을 의무적으로 고용하도록 약정하였다.

1) 부산형 착한기업 육성사업 지원 인지 및 만족도

부산형 착한기업 육성사업 참여기업의 인지과정에 대한 분석 결과는 다음의 〈표 4-4〉와 같다. 응답기업 129개 중 '지인의 소개'가 61.2%로 가장 많았으며, 그 다음으로 '지하철 광고, 리플렛을 통한 인지'가 15.5%, '홈페이지' 12.4%, '신문방송광고'가 7.0%의 순으로 부산형 착한기업 육성사업을 인지하고 있는 것으로 나타났다. 이러한 결과에 비추어 볼 때 부산형 착한기업 육성사업의 경우 다양한 홍보 가운데 특히 직접 선정되어 수혜를 받은 기업들의 구전효과가 매우 컸음을 알 수 있다.

세부적으로 살펴보면 먼저 업종별로 제조업의 경우 총 87개 기업에서 '지인의 소개'가 59.8%, '홈페이지' 및 '지하철 광고, 리플렛'이 각 12.6%이며, 비제조업의 경우 '지인의 소개'가 64.3%, '지하철 광고, 리플렛'이 21.4%, '홈페이지' 11.9%의 순으로 나타났다.

지원형태별로는 창업의 경우 총 26개 기업에서 '지인의 소개'가 65.3%, '지하철 광고, 리플렛' 및 '기타'가 각 11.6%이며, 채용약정형 OJT의 경우 '지인의 소개'가 62.1%, '지하철 광고, 리플렛'이 14.5%, '홈페이지' 12.9%의 순으로 나타났다.

<표 4-4> 부산형 착한기업 육성사업 인지과정

(단위 : 개, 행%)

구분		응답기업수(개)	지인의소개(%)	홈페이지(%)	신문방송광고(%)	지하철광고,리플렛(%)	기타(%)	합계(%)
전체		129	61.2	12.4	7	15.5	3.9	100
업종	제조업	87	59.8	12.6	9.2	12.6	5.7	100
	비제조업	42	64.3	11.9	2.4	21.4	0.0	100
지원형태	창업형	26	65.3	3.8	7.7	11.6	11.6	100
	채용약정형OJT	124	62.1	12.9	6.5	14.5	4.0	100

부산형 착한기업 육성사업에 대한 만족도 조사 결과는 다음의 〈표 4-5〉와 같다. 만족도와 관련해서는 '지원신청서의 간소함', '사전적인 현장실사', '면접심사', '사전 컨설팅 지원', 'OJT 교육 혹은 맞춤식 교육 지원', '협약체결', '사후관리 및 연락' 등의 항목이며, 5점 척도로 조사하였다.

전체적으로 'OJT 교육 혹은 맞춤식 교육 지원'이 평균 4.49로 가장 높았으며, 그 다음으로 '사전적인 현장실사(집중상담)'가 4.45, '협약체결'이 4.41, '사후관리 및 연락'이 4.40, '지원신청서의 간소함'이 4.37, '면접심사'가 4.28, '사전 컨설팅 지원'이 4.21의 순으로 나타났다. 모든 항목에서 4.0 이상의 높은 만족도를 보여주었고, 특히 본 사업의 핵심인 소수를 대상으로 하는 'OJT 교육 혹은 맞춤형 교육 지원'에 대한 만족도가 가장 높았다는 것은 본 사업의 취지가 충실히 반영되었음을 반증하는 것이라 하겠다.

<표 4-5> 부산형 착한기업 육성사업에 대한 만족도

단위 : (점, 행%)

설문항	평점	매우 불만족	약간 불만족	그저 그렇다	약간 만족	매우 만족	합계
지원신청서의 간소함	4.37	0.8	3.1	7.0	36.4	52.7	100
사전적인 현장실사(집중상담)	4.45	0.8	0.0	6.2	39.5	53.5	100
면접심사	4.28	0.7	1.3	15.9	33.8	48.3	100
사전 컨설팅 지원	4.21	0.7	0.7	19.9	35.1	43.7	100
OJT 교육 혹은 맞춤식 교육 지원	4.49	0.0	0.7	10.0	28.7	60.7	100
협약체결	4.41	0.0	5.3	5.3	32.7	56.7	100
사후관리 및 연락	4.4	0.0	1.3	13.3	29.3	56.0	100

지원형태별 만족도 평균값 차이분석의 결과는 다음의 〈표 4-6〉과 같다. 통계적으로 유의확률 0.1 수준에서 유의적인 차이를 보이고 있는 것은 '사전 컨설팅 지원' 항목이다. '사전 컨설팅 지원'의 경우 창업형은 3.96이고 채용약정형

OJT는 4.26으로 창업형 보다는 채용약정형 OJT에서 만족도가 높음을 보여주고 있다. 이러한 결과는 채용약정형 OJT 보다 창업형의 경우 그 만큼 사전 컨설팅 지원이 어려움을 간접적으로 시사하고 있으며, 향후 창업형에 대한 사전 컨설팅 방식을 보다 업그레이드 할 수 있는 방안의 모색이 필요함을 시사한다.

비록 유의적이지는 않지만 창업형의 경우 '사전적인 현장실사', '면접심사', '맞춤식 교육지원', '협약체결', '사후관리 및 연락'에서 채용약정형 OJT 보다 상대적으로 높은 만족도를 보이고 있으며, 채용약정형 OJT에서는 '지원신청서의 간소함', '사전컨설팅 지원'에서 창업형 보다 상대적으로 높은 만족도를 보이고 있는 것으로 나타났다.

<표 4-6> 지원형태별 만족도 평균값 차이

(단위 : 점)

설문항	전체 평점	창업형	채용약정형 OJT	T-test	유의 확률
지원신청서의 간소함	4.37	4.20	4.38	0.47	0.661
사전적인 현장실사(집중상담)	4.45	4.60	4.44	-.500	0.618
면접심사	4.28	4.38	4.26	-.721	0.472
사전 컨설팅 지원	4.21	3.96	4.26	1.661	0.099*
OJT 교육 혹은 맞춤식 교육 지원	4.49	4.62	4.47	-.974	0.331
협약체결	4.41	4.50	4.39	-.637	0.525
사후관리 및 연락	4.40	4.50	4.38	-.895	0.375

·주 : *, **, *** : 유의수준 0.10, 0.05, 0.01에서 각각 통계적으로 유의함

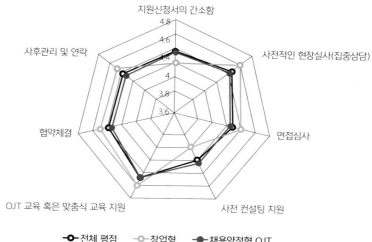

<그림 4-1> 지원형태별 만족도 비교

 채용약정형 OJT 신청 동기에 대한 분석 결과는 다음의 〈표 4-7〉과 같다. 분석결과를 살펴보면 먼저 전체적으로 '신규인력 OJT의 필요성'이 56.8%로 가장 많았으며, 그 다음으로 '전적으로 도움이 되어서'가 31.2%, '부족인력 충원이 어려워서'가 10.4%로 나타났다. 세부적으로 업종별로 살펴보면 제조업은 '신규인력 OJT의 필요성'이 57.1%로 가장 높았으며, 그 다음으로 '전적으로 도움이 되어서'가 26.2%, '부족인력 충원이 어려워서'가 14.3%로 나타났으며, 비제조업의 경우 '신규인력 OJT의 필요성'이 56.1%로 가장 높았고, 그 다음으로 '전적으로 도움이 된다'가 41.5%, '부족인원 충원의 어려움'이 2.4%로 나타났다.

<표 4-7> 채용약정형 OJT 신청 동기

(단위 : 개, 행%)

구분		응답기업 수(개)	무응답 (%)	신규인력 OJT가 필요해서 (%)	부족인력 충원이 어려워서 (%)	전적으로 도움이 되어서 (%)	기타 (%)	합계 (%)
전체		125	0.8	56.8	10.4	31.2	0.8	100
업종	제조업	84	1.2	57.1	14.3	26.2	1.2	100
	비제조업	41	0.0	56.1	2.4	41.5	0.0	100

채용약정형 OJT 방식의 기업에 도움 정도에 대한 분석 결과는 다음의 〈표 4-8〉과 같다. 분석결과를 살펴보면, 전체적으로 채용약정형 방식이 기업에 '매우 긍정적 영향'이 44.0%, '다소 긍정적 영향'이 49.6%로 나타나 대부분의 참여기업의 경우 OJT 채용방식에 대하여 긍정적으로 평가하고 있는 것으로 나타났다.

세부적으로 살펴보면 제조업의 경우 '매우 긍정적 영향'이 42.9%, '다소 긍정적 영향'이 50.0%로 92.9%가 긍정적으로 평가하고 있으며, 비제조업의 경우 '매우 긍정적 영향'이 46.3%, '다소 긍정적 영향'이 48.8%로 전체적으로 95.1%가 긍정적으로 평가하고 있다. 결국 제조업 보다는 비제조업에서 더 긍정적 평가를 하고 있는 것으로 판단된다.

<표 4-8> 채용약정형 OJT 방식의 기업에 도움 정도

(단위 : 개, 행%)

구분		응답 기업수 (개)	무응답 (%)	매우심각한 부정적영향 (%)	다소 부정적 영향(%)	별 영향 없음 (%)	다소 긍정적 영향(%)	매우 긍정적 영향(%)	합계(%)
전체		125	0.8	1.6	0.0	4.0	49.6	44.0	100
업종	제조업	84	1.2	2.4	0.0	3.6	50.0	42.9	100
	비제조업	41	0.0	0.0	0.0	4.9	48.8	46.3	100

채용약정형 OJT 방식의 장점에 대한 분석 결과는 다음의 〈표 4-9〉와 같다. 전체 응답 기업 가운데 '기업에 훈련비 직접 지급'이 48.0%로 채용약정형 OJT 방식의 가장 큰 장점으로 인식하고 있으며, 그 다음으로 '기업 맞춤식 현장 훈련'이 35.2%, '부족인력 충원'이 10.4%로 나타났다.

업종별로는 제조업의 경우 '기업 맞춤식 현장 훈련'이 41.7%로 가장 큰 장점으로 인식하고 있고, '기업에 훈련비 직접 지급' 역시 40.5%로 매우 높게 나타났다. 비제조업의 경우 '기업에 훈련비 직접 지급'이 63.4%로 가장 높았으며, 그 다음으로 '기업 맞춤식 현장 훈련'이 22.0%, '부족인력 충원'이 12.2%의 순으로 나타났다. 이러한 결과에서 알 수 있듯이 제조업의 경우 기업 맞춤식 현장훈련에 상대적으로 더 큰 의미를 두고 있음에 반해, 비제조업의 경우에는 '기업에 훈련비 직접 지급'에 더 큰 의미를 부여하고 있음을 알 수 있다.

〈표 4-9〉 채용약정형 OJT 방식의 장점

(단위 : 개, 행%)

구분		응답 기업수(개)	무응답 (%)	기업 맞춤식 현장 훈련 (%)	기업에 훈련비 직접지급 (%)	짧은 직업훈련 기간(%)	부족인력 충원 (%)	기타(%)	합계(%)
전체		125	0.8	35.2	48.0	4.8	10.4	0.8	100
업종	제조업	84	1.2	41.7	40.5	6.0	9.5	1.2	100
	비제조업	41	0.0	22.0	63.4	2.4	12.2	0.0	100

채용약정형 OJT 방식의 애로요인과 관련한 분석 결과는 〈표 4-10〉과 같다. 분석결과를 살펴보면 전체기업에서는 '까다로운 증빙자료 제출'이 28.8%로 가장 큰 애로요인으로 들고 있으며, 그 다음으로 '고용보험가입 의무화'가 20.8%, '까다로운 선정 절차'가 16.8%의 순으로 나타났다. 업종별로 제조업의 경우 '까다로운 증빙자료 제출'이 27.4%로 가장 높게 나타났고, 그 다음으로 '고용보험

가입 의무화'가 21.4%, '까다로운 선정 절차'가 17.9%의 순으로 나타났으며, 비제조업에서도 비슷하게 나타났다.

<표 4-10> 채용약정형 OJT 방식의 애로요인

(단위 : 개, 행%)

구분		응답 기업수 (개)	무응답 (%)	까다로운 선정절차 (%)	훈련 재료비 미지급 (%)	고용보험 가입 의무화 (%)	까다로운 증빙자료 제출 (%)	기타(%)	합계(%)
전체		125	4.0	16.8	5.6	20.8	28.8	24.0	100
업종	제조업	84	6.0	17.9	4.8	21.4	27.4	22.6	100
	비제조업	41	0.0	14.6	7.3	19.5	31.7	26.8	100

한편, 창업형 신청 동기와 관련된 분석 결과는 다음의 〈표 4-11〉과 같다. 분석결과 전체 조사기업의 신청 동기는 '자금지원'이 87.0%로 가장 높았으며 그 다음으로 '적절한 인재채용'이 4.3%로 나타났다. 특히 제조업의 경우 창업에서 '자금지원'의 필요성이 비제조업보다 더 높게 나타났다. 결국 창업형의 경우에 신청 동기의 주된 요인은 적절한 인재채용이나 교육 훈련보다는 '자금지원'이 가장 중요한 이유라는 점에서 채용약정형 OJT와 차별적임을 알 수 있다.

<표 4-11> 창업형 신청 동기

(단위 : 개, 행%)

구분		응답 기업수 (개)	자금지원이 필요해서 (%)	사전 컨설팅이 필요해서 (%)	적절한 인력채용이 필요해서 (%)	기타(%)	합계(%)
전체		23	87.0	0.0	4.3	8.7	100
업종	제조업	19	89.5	0.0	5.3	5.3	100
	비제조업	4	75.0	0.0	0.0	25.0	100
지원 연도	2011-2014	6	83.3	0.0	0.0	16.7	100
	2015-2016	17	88.2	0.0	5.9	5.9	100

창업형 지원방식의 기업에 도움 정도에 대한 분석 결과는 다음의 〈표 4-12〉
와 같다. 분석결과 '매우 긍정적 영향'이 61.5%와 '다소 긍정적 영향'이 34.6%
로 대부분 창업 지원 방식이 기업에 도움이 된 것으로 나타났다.

<표 4-12> 창업형 지원방식의 기업에 도움 정도

(단위 : 개, 행%)

구분		응답 기업수 (개)	무응답 (%)	매우 심각한 부정적 영향 (%)	다소 부정적 영향(%)	별 영향 없음(%)	다소 긍정적 영향(%)	매우 긍정적 영향(%)	합계(%)
전체		26	3.8	0.0	0.0	0.0	34.6	61.5	100
업종	제조업	21	0.0	0.0	0.0	0.0	42.9	57.1	100
	비제조업	5	20.0	0.0	0.0	0.0	0.0	80.0	100
지원 연도	2011-2014	8	12.5	0.0	0.0	0.0	37.5	50.0	100
	2015-2016	18	0.0	0.0	0.0	0.0	33.3	66.7	100

창업형 지원 방식의 장점에 대해서는 '창업자금의 지원'이 84.6%로 '맞춤식
교육지원' 7.7%에 비해 압도적으로 가장 큰 장점으로 들고 있다. 이러한 결과는
영세규모의 창업일 경우 무엇보다 창업자금에 대한 지원이 가장 아쉽다는 것을
적나라하게 보여주고 있다.

<표 4-13> 창업형 지원 방식의 장점

(단위 : 개, 행%)

구분		응답 기업수 (개)	무응답 (%)	창업전반의 사전컨설팅 (%)	타 지원 기관과 연계(%)	맞춤식 교육지원 (%)	창업자금 지원(%)	기타(%)	합계(%)
전체		26	3.8	3.8	0.0	7.7	84.6	0.0	100
업종	제조업	21	0.0	4.8	0.0	9.5	85.7	0.0	100
	비제조업	5	20.0	0.0	0.0	0.0	80.0	0.0	100
지원 연도	2011-2014	8	12.5	0.0	0.0	0.0	87.5	0.0	100
	2015-2016	18	0.0	5.6	0.0	11.1	83.3	0.0	100

다음으로 창업형 지원방식의 애로요인으로는 '창업이후 지원금 지불'이 42.3%로 가장 높았으며, '까다로운 증빙자료제출'이 19.2%, '지원항목 변경의 어려움'이 15.4%로 나타났다. 업종별로는 제조업의 경우 '창업이후 지원금 지불'이 47.6%로 가장 큰 애로요인으로 들고 있음에 반해, 비제조업의 경우 '까다로운 증빙자료 제출'이 40.0%로 가장 높게 나타났다. 비제조업에서 '까다로운 증빙자료 제출'을 가장 큰 애로요인으로 든 이유를 유추해 보면 부산형 착한기업 육성사업의 창업형 지원방식의 기본틀이 제조업을 지원하는 양식에 맞추어져 있기 때문이다. 이는 대부분 고용노동부 일자리창출 지원사업의 지원양식이 제조업에 맞추어져 있어 창업형 지원시 비제조업의 경우 지원항목이 없어서 애로를 겪는 경우가 많았기 때문으로 보인다.

<표 4-14> 창업형 지원방식의 애로요인

(단위 : 개, 행%)

구분		응답기업수(개)	무응답(%)	너무 작은 창업자금 지원금(%)	창업이후 지원금 지불(%)	지원항목 변경의 어려움(%)	까다로운 증빙자료 제출(%)	기타(%)	합계(%)
전체		26	7.7	3.8	42.3	15.4	19.2	11.5	100
업종	제조업	21	0.0	4.8	47.6	19.0	14.3	14.3	100
	비제조업	5	40.0	0.0	20.0	0.0	40.0	0.0	100
지원연도	2011-2014	8	12.5	0.0	62.5	0.0	12.5	12.5	100
	2015-2016	18	5.6	5.6	33.3	22.2	22.2	11.1	100

2) 부산형 착한기업 지원사업 확대 방안 관련

부산형 착한기업 육성사업의 전국적 확산의 필요성에 대한 조사 결과는 다음의 <표 4-15>와 같다. 전체 149개 응답기업 가운데 '매우 필요'가 60.4%, '다소 필요'가 33.6%로 전체적으로 94.0%가 부산형 착한기업 육성사업의 전국적 확산의 필요성에 동의하고 있다. 특히 업종별로는 '제조업'에서 92.3%, '비제조업'에서 97.8%로 나타났으며, 지원형태별로 '창업형' 기업에서는 96.4%, '채용약정형 OJT' 기업에서는 93.5%로 나타났다. 또한 지원연도별로도 해가 거듭될수록 '매우 필요'의 비율이 상승하고 있다. 이러한 결과는 향후 부산형 착한기업 육성사업이 전국적으로 확산되어도 일자리창출 지원사업의 새로운 모델이 될 수 있음을 시사해 준다.

<표 4-15> 부산형 착한기업 육성사업의 전국적 확산의 필요성

(단위 : 개, 행%)

구분		응답 기업수 (개)	매우 불필요 (%)	다소 불필요 (%)	보통 (%)	다소 필요 (%)	매우 필요 (%)	합계 (%)
전체		149	0.7	0.0	5.4	33.6	60.4	100
업종	제조업	104	1.0	0.0	6.7	31.7	60.6	100
	비제조업	45	0.0	0.0	2.2	37.8	60.0	100
지원형태	창업형	26	0.0	0.0	3.6	10.7	85.7	100
	채용약정형 OJT	123	0.8	0.0	5.7	38.2	55.3	100
지원연도	2012-2013	28	0.0	0.0	10.7	46.4	42.9	100
	2014	20	0.0	0.0	0.0	40.0	60.0	100
	2015	56	0.0	0.0	8.9	32.1	58.9	100
	2016	45	2.2	0.0	0.0	24.4	73.3	100

부산형 착한기업 육성사업의 향후 보완사항에 대한 분석 결과는 다음의 〈표 4-16〉과 같다. 분석결과를 세부적으로 살펴보면 '착한기업 육성사업에 대한 적극적인 홍보가 필요하다'가 95.3%로 나타났으며, 다음으로 'OJT 훈련생에 대한 훈련수당 확대가 필요하다'가 93.8%, '훈련재료비 및 운영비 지원이 필요하다'가 93.1%로 나타났다. 이 밖에도 '사업신청에서부터 선정까지 보다 신속한 행정처리가 필요하다' 역시 89.3%, '창업 후 적어도 3년간 다양한 지원시

스템 구축이 필요하다'가 84.7%, '창업자금 지원금의 차등 증액이 필요하다'가 80.5%로 보완항목의 대부분이 80% 이상으로 나타났다. 이러한 결과는 향후 부산형 착한기업 육성사업을 전국적인 일자리창출 모델로 확산하기 위해 보다 적극적으로 보완이 필요함을 시사해 준다.

<표 4-16> 부산형 착한기업 육성사업의 향후 보완사항

단위 : (점, 행%)

설문항	평점	전혀 아니다	아니다	그저 그렇다	그렇다	매우 그렇다	합계
착한기업 육성사업에 대한 적극적인 홍보가 필요하다	4.34	0.0	1.3	3.3	55.3	40.0	100
사업신청에서부터 선정까지 보다 신속한 행정처리가 필요하다	4.24	0.7	3.3	6.7	50.0	39.3	100
OJT훈련생에 대한 훈련수당 확대가 필요하다	4.31	0.7	0.7	4.9	54.9	38.9	100
훈련재료비 및 운영비 지원이 필요하다	4.33	0.7	0.0	6.3	52.1	41.0	100
창업자금지원금의 차등 증액이 필요하다	3.90	2.8	6.9	9.7	58.3	22.2	100
창업 후 적어도 3년간 다양한 지원시스템 구축이 필요하다	4.26	4.2	1.4	9.7	33.3	51.4	100

한편, 지원형태별 착한기업 육성사업의 향후 과제에 대한 평균값 차이에 대한 분석결과는 다음의 〈표 4-17〉과 같다. 분석결과 창업형과 채용약정형 OJT 간에 통계적으로 유의적인 차이가 나는 항목은 '착한기업육성에 대한 적극적 홍보', 'OJT 훈련생에 대한 훈련수당 확대', '훈련재료비 및 운영비 지원'으로 나타났다.

<표 4-17> 지원형태별 착한기업 육성사업 향후 과제에 대한 평균값 차이

(단위 : 점)

설문항	전체 평점	창업형	채용 약정형 OJT	T-test	유의 확률
착한기업 육성사업에 대한 적극적인 홍보가 필요하다	4.34	4.65	4.27	2.953	0.004***
사업신청에서부터 선정까지 보다 신속한 행정처리가 필요하다	4.24	4.46	4.19	1.613	0.109
OJT훈련생에 대한 훈련수당 확대가 필요하다	4.30	4.10	4.34	-2.033	0.050**
훈련재료비 및 운영비 지원이 필요하다	4.33	4.80	4.25	5.039	0.000***
창업자금지원금의 차등 증액이 필요하다	3.90	3.92	3.89	0.115	0.909
창업 후 적어도 3년간 다양한 지원시스템 구축이 필요하다	4.26	4.32	4.23	0.348	0.729

·주 : *, **, *** : 유의수준 0.10, 0.05, 0.01에서 각각 통계적으로 유의함

　세부적으로 살펴보면 '착한기업에 대한 적극적 홍보'와 관련하여 창업형은 4.65, 채용약정형 OJT는 4.27로 창업형에서 보다 큰 필요성을 보이고 있다. 'OJT 훈련생에 대한 훈련수당 확대의 필요성'과 관련하여 창업형은 4.10, 채용약정형 OJT는 4.34로 채용약정형 OJT에서 필요성을 더 느끼고 있는 것으로 나타났다. '훈련재료비 및 운영비 지원'과 관련하여 창업형은 4.80, 채용약정형 OJT는 4.25로 창업형에서의 훈련재료비 및 운영비 지원을 더 필요로 하고 있는 것으로 나타났다.

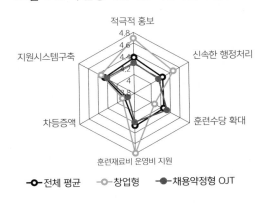

다음으로 착한기업 육성사업 확산을 위한 가장 우선 과제에 대한 분석 결과는 〈표 4-18〉과 같다. 분석결과 착한기업 육성사업 확산을 위한 가장 우선 과제로서 '사업비 증액'이 42.2%로 가장 많았으며, 그 다음으로 '지원 프로그램의 다양화'가 29.3%, '착한기업 지원센터 확충'이 23.8%, '사전 컨설팅 강화'가 4.1%의 순으로 나타났다.

업종별로 제조업에서는 '사업비 증액'이 33.7%로 가장 많았으며, 그 다음으로 '지원 프로그램의 다양화'가 32.7%, '착한기업 지원센터 확충'이 27.7%, '사전 컨설팅 강화'가 5.9%로 나타났다. 비제조업에서는 '사업비 증액'이 60.9%로 가장 많았으며, 그 다음으로 '지원 프로그램의 다양화'가 21.7%, '착한기업 지원센터 확충'이 15.2%로 나타났다. 제조업에 비해 비제조업의 경우 '사업비 증액'에 대한 요구가 더 크게 나타났는데 이러한 까닭은 본 사업에서 비제조업 보다는 제조업에 사업비 지원규모가 더 컸기 때문으로 보인다.

지원형태별로는 창업형의 경우 '착한기업지원센터 확충'이 46.2%로 가장 많았으며, 그 다음으로 '사업비 증액'이 30.8%, '지원프로그램의 다양화'가 15.4%의 순으로 나타났다. 채용약정형 OJT에서는 '사업비 증액'이 44.6%로 가장 많

앞으며, 그 다음으로 '지원 프로그램의 다양화'가 32.2%, '착한기업지원센터 확충'이 19.0%로 나타났다. 이러한 분석결과에 따르면 향후 부산형 착한기업 육성사업의 전국적 활성화를 위해서는 사업비 증액과 함께 지원프로그램을 보다 다양화하고 나아가 상시적인 착한기업지원센터를 더욱 확충할 필요가 있음을 시사해 준다.

<표 4-18> 착한기업 육성사업 확산을 위한 가장 우선 과제

(단위 : 개, 행%)

구분		응답 기업수 (개)	사업비 증액 (%)	착한기업 지원센터 확충(%)	지원프로 그램의 다양화(%)	사전 컨설팅 강화(%)	기타 (%)	합계 (%)
전체		147	42.2	23.8	29.3	4.1	0.7	100
업종	제조업	101	33.7	27.7	32.7	5.9	0.0	100
	비제조업	46	60.9	15.2	21.7	0.0	2.2	100
지원 형태	창업형	26	30.8	46.2	15.4	7.7	0.0	100
	채용약정형 OJT	121	44.6	19.0	32.2	3.3	0.8	100
지원 연도	2011-2013	26	53.8	19.2	23.1	3.8	0.0	100
	2014	20	40.0	25.0	35.0	0.0	0.0	100
	2015	57	43.9	17.5	31.6	7.0	0.0	100
	2016	44	34.1	34.1	27.3	2.3	2.3	100

채용약정형 OJT 확산을 위한 가장 우선 과제에 대한 분석결과는 다음의 〈표 4-19〉와 같다. 분석결과 '1인당 OJT 비용 증액'이 가장 우선 과제라고 응답한 비율이 48.3%로 나타났으며, 그 다음으로 '지원 프로그램의 다양화'가 28.7%, '훈련 재료비 지원'이 18.9% 등의 순으로 나타났다.

<표 4-19> 채용약정형 OJT 확산을 위한 가장 우선 과제

(단위 : 개, 행%)

구분		응답 기업수 (개)	1인당 OJT 비용 증액 (%)	훈련 재료비 지원(%)	지원프로 그램의 다양화(%)	사전 컨설팅 강화(%)	기타 (%)	합계 (%)
전체		143	48.3	18.9	28.7	2.8	1.4	100
업종	제조업	100	43.0	24.0	29.0	3.0	1.0	100
	비제조업	43	60.5	7.0	27.9	2.3	2.3	100
지원 형태	창업형	21	19.0	71.4	4.8	0.0	4.8	100
	채용약정형 OJT	122	53.3	9.8	32.8	3.3	0.8	100
지원 연도	2012-2013	26	50.0	11.5	34.6	0.0	3.8	100
	2014	20	40.0	25.0	35.0	0.0	0.0	100
	2015	57	47.4	29.8	17.5	5.3	0.0	100
	2016	40	52.5	5.0	37.5	2.5	2.5	100

업종별로 제조업에서는 '1인당 OJT 비용 증액'이 가장 우선 과제라고 응답한 비율이 43.0%이고, 그 다음으로 '지원 프로그램의 다양화'가 29.0%, '훈련 재료비 지원'이 24.0%의 순으로 나타났다. 이에 비해 비제조업에서는 '1인당 OJT 비용 증액'이 가장 우선 과제라고 응답한 비율이 60.5%로 제조업보다 17%나 높게 나타났다. 그 다음으로 지원 프로그램의 다양화가 27.9%, 훈련 재료비 지원을 7.0%의 순으로 나타났다.

지원형태별로 창업형의 경우 '훈련 재료비 지원'이 가장 우선 과제라고 응답한 비율이 71.4%나 되었고, 그 다음으로 '1인당 OJT 비용 증액'이 19.0%, '지원 프로그램의 다양화'가 4.8%의 순으로 나타났다. 채용약정형 OJT의 경우 '1인당 OJT 비용 증액'이 가장 우선 과제라고 응답한 비율이 53.3%로 나타났으며, 그 다음으로 '지원 프로그램의 다양화'가 32.8%, '훈련 재료비 지원'을 9.8%의 순으로 나타났다. 이처럼 지원형태별로는 창업형의 경우 '훈련 재료비 지원'이 압도적으로 높게 나타났음에 반해 채용약정형 OJT의 경우에는 '1인당 OJT 비용 증액'이 가장 높게 나타나 대조를 이룬다.

(단위 : 개, 행%)

구분		응답 기업수 (개)	창업 지원금 확대(%)	창업지원 기간 확대 (%)	타 지원기 관과 연계 강화(%)	사전 컨설팅 강화(%)	기타 (%)	합계 (%)
전체		98	69.4	16.3	10.2	3.1	1.0	100
업종	제조업	68	69.1	17.6	8.8	2.9	1.5	100
	비제조업	30	70.0	13.3	13.3	3.3	0.0	100
지원 형태	창업형	25	72.0	8.0	16.0	4.0	0.0	100
	채용약정형 OJT	73	68.5	19.2	8.2	2.7	1.4	100
지원 연도	2012-2013	14	57.1	7.1	21.4	14.3	0.0	100
	2014	16	68.8	31.3	0.0	0.0	0.0	100
	2015	36	80.6	8.3	8.3	0.0	2.8	100
	2016	32	62.5	21.9	12.5	3.1	0.0	100

창업형 지원사업 확산을 위한 가장 우선 과제에 대한 분석 결과는 다음의 〈표 4-20〉과 같다. 분석결과 전체 기업에서 '창업지원금 확대'가 69.4%로 가장 많았으며, 그 다음으로 '창업지원 기간 확대'가 16.3%, '타 지원기관과 연계강화'가 10.2%, '사전 컨설팅 강화'가 3.1%의 순으로 나타났다.

업종별로 제조업에서는 '창업지원금 확대'가 69.1%로 가장 많았으며, 그 다음으로 '창업지원 기간 확대'가 17.6%, '타 지원기관과 연계강화'가 8.8%, '사전 컨설팅 강화'가 2.9%의 순으로 나타났다. 비제조업에서도 '창업지원금 확대'가 70.0%로 가장 많았으며, 그 다음으로 '창업지원 기간 확대'와 '타 지원기관과 연계강화'가 13.3%, '사전 컨설팅 강화'가 3.3%의 순으로 나타났다.

지원형태별로 창업형의 경우 '창업지원금 확대'가 72.0%로 가장 많았으며, 그 다음으로 '타 지원기관과 연계강화'가 16.0%, '창업지원 기간 확대'가 8.0%, '사전 컨설팅 강화'가 4.0%의 순으로 나타났다. 채용약정형 OJT의 경우에도 '창업지원금 확대'가 68.5%로 가장 많았으며, 그 다음으로 '창업지원 기간 확대'가 19.2%, '타 지원기관과 연계강화'가 8.2%, '사전 컨설팅 강화'가 2.7%의 순으로 나타났다. 이처럼 창업형의 경우에는 현실적으로 대부분 열악한 소자본 창업을 하기 때문에 창업지원금에 대한 확대요구가 압도적일 수 밖에 없고, 그 결과 상대적으로 사전 컨설팅에 대한 요구는 후순위로 밀리는 것으로 판단된다.

부산형 착한기업 클럽 가입 여부에 대한 분석 결과는 다음의 〈표 4-21〉과 같다. 분석결과 전체 149개 응답업체 가운데 아직 60.4%가 가입하지 않고 있으며, 가입한 기업은 전체의 39.6%로 나타났다. 업종별로는 제조업에서 가입률은 38.5%이며, 비제조업의 경우 42.2%로 나타났다. 지원형태별로 창업형의 경우 26.9%가 가입하였으며, 채용약정형 OJT의 경우 42.3%가 부산형 착한기업 클럽에 가입한 것으로 나타났다. 또한 지원연도별로는 해가 거듭할수록 클럽 가입 비율이 높아지고 있다.

<표 4-21> 부산형 착한기업 클럽 가입 여부

(단위 : 개, 행%)

구분		응답 기업수 (개)	예 (%)	아니오 (%)	합계 (%)
전체		149	39.6	60.4	100
업종	제조업	104	38.5	61.5	100
	비제조업	45	42.2	57.8	100
지원형태	창업형	26	26.9	73.1	100
	채용약정형 OJT	123	42.3	57.7	100
지원연도	2012-2013	28	21.4	78.6	100
	2014	20	40.0	60.0	100
	2015	56	37.5	62.5	100
	2016	45	53.3	46.7	100

부산형 착한기업 클럽 가입하게 된 주된 이유에 대한 분석 결과는 다음의 〈표 4-22〉와 같다. 분석 결과 부산형 착한기업 클럽에 가입하게 된 주된 이유로서 '기업 운영에 도움이 될 것 같아서'가 81.9%로 가장 많았으며, 그 다음으로 '착

한기업 정신에 공감해서'가 15.3%, '단순한 친목도모를 위해서'가 1.4%의 순으로 나타났다.

업종별로는 제조업의 경우 '기업 운영에 도움이 될 것 같아서'가 83.0%로 가장 많았으며, 그 다음으로 '착한기업 정신에 공감해서'가 13.2%, '단순한 친목도모를 위해서'가 1.9%의 순으로 나타났다. 비제조업의 경우 '기업 운영에 도움이 될 것 같아서'가 78.9%로 가장 많았으며, 그 다음으로 '착한기업 정신에 공감해서'가 21.1%로 나타났다.

지원형태에서 창업형의 경우 '기업 운영에 도움이 될 것 같아서'가 80.0%로 가장 많았으며, 그 다음으로 '착한기업 정신에 공감해서'가 20.0%이며, 채용약정형 OJT의 경우에도 '기업 운영에 도움이 될 것 같아서'가 82.7%로 가장 많았으며, 그 다음으로 '착한기업 정신에 공감해서'가 13.5%, '단순한 친목도모를 위해서'가 1.9%의 순으로 나타났다. 이러한 결과는 향후 부산형 착한기업 클럽이 지속적으로 발전하기 위해서는 참여기업의 운영에 어떤 형태로든 유익하도록 하는 운영 프로그램의 개발과 함께 착한기업정신에 대한 정체성 확립이 무엇보다 필요함을 시사해 준다.

<표 4-22> 부산형 착한기업 클럽에 가입하게 된 주된 이유

(단위 : 개, 행%)

구분		응답 기업수 (개)	기업 운영에 도움이 될 것 같아서(%)	착한기업 정신에 공감해서(%)	단순한 친목도모를 위해(%)	기타 (%)	합계 (%)
전체		72	81.9	15.3	1.4	1.4	100
업종	제조업	53	83.0	13.2	1.9	1.9	100
	비제조업	19	78.9	21.1	0.0	0.0	100
지원 형태	창업형	20	80.0	20.0	0.0	0.0	100
	채용약정형 OJT	52	82.7	13.5	1.9	1.9	100
지원 연도	2012-2013	5	100.0	0.0	0.0	0.0	100
	2014	13	92.3	7.7	0.0	0.0	100
	2015	28	71.4	21.4	3.6	3.6	100
	2016	26	84.6	15.4	0.0	0.0	100

부산형 착한기업 클럽 미가입의 주된 이유에 대한 분석 결과는 다음의 〈표 4-23〉과 같다. 응답기업 중 '최근 시간이 없어서' 가입하지 못한 경우가 68.4%로 가장 많았으며, 그 다음으로 '연락을 받지 못해서'가 22.1%, '별 관심이 없어서'가 7.4%의 순으로 나타났다. 업종별로 제조업에서는 '최근 시간이 없어서' 가입하지 못한 경우가 68.7%로 가장 많았으며, 그 다음으로 '연락을 받지 못해서'가 22.4%, '별 관심이 없어서'가 7.5%의 순으로 나타났다. 비제조업에서는 '최근 시간이 없어서' 가입하지 못한 경우가 67.9%, '연락을 받지 못해서'가 21.4%, '별 관심이 없어서'가 7.1%의 순으로 나타났다.

　지원형태에서 창업형의 경우 '최근 시간이 없어서' 가입하지 못한 경우가 81.8%로 가장 많았으며, 그 다음으로 '연락을 받지 못해서'가 13.6%, '별 관심이 없어서'가 4.5%의 순으로 나타났으며, 채용약정형 OJT의 경우 '최근 시간이 없어서' 가입하지 못한 경우가 64.4%로 가장 많았으며, 그 다음으로 '연락을 받지 못해서'가 24.7%, '별 관심이 없어서'가 8.2%의 순으로 나타났다. 이처럼 부산형 착한기업 클럽에 미가입한 주된 이유로 '별 관심이 없어서'라고 응답한 비율은 10%도 안되고 대부분 '시간이 없어서'와 '연락을 받지 못해서'라고 응답하고 있기 때문에 클럽 운영진의 보다 적극적인 노력이 경주된다면 회원수는 지속적으로 증가할 가능성이 크다.

<표 4-23> 부산형 착한기업 클럽에 미가입하게 된 주된 이유

(단위 : 개, 행%)

구분		응답 기업수 (개)	연락을 받지 못해서 (%)	최근 시간이 없어서 (%)	별 관심이 없어서(%)	기타 (%)	합계 (%)
전체		95	22.1	68.4	7.4	2.1	100
업종	제조업	67	22.4	68.7	7.5	1.5	100
	비제조업	28	21.4	67.9	7.1	3.6	100
지원 형태	창업형	22	13.6	81.8	4.5	0.0	100
	채용약정형 OJT	73	24.7	64.4	8.2	2.7	100
지원 연도	2011-2013	24	33.3	45.8	16.7	4.2	100
	2014	12	16.7	75.0	8.3	0.0	100
	2015	38	18.4	78.9	2.6	0.0	100
	2016	21	19.0	71.4	4.8	4.8	100

　부산형 착한기업 클럽에 미가입한 기업 가운데 가입 의향과 관련한 조사 결과는 다음의 〈표 4-24〉와 같다. 전체 응답 기업 중 74.5%가 가입할 의향이 있는 것으로 나타났으며, 업종별로 제조업의 경우 76.1%, 비제조업의 경우 70.4%가 가입할 의향이 있는 것으로 나타났다. 지원형태별로는 창업형이 81.8%, 채용약정형 OJT의 72.2%가 가입할 의향이 있는 것으로 나타났다. 지원연도별로도 최근에 이를수록 부산형 착한기업 클럽에 가입할 의향이 증가하는 추세이다.

(단위 : 개, 행%)

구분		응답기업수 (개)	예 (%)	아니오 (%)	합계 (%)
전체		94	74.5	25.5	100
업종	제조업	67	76.1	23.9	100
	비제조업	27	70.4	29.6	100
지원형태	창업형	22	81.8	18.2	100
	채용약정형 OJT	72	72.2	27.8	100
지원연도	2011-2013	24	41.7	58.3	100
	2014	12	66.7	33.3	100
	2015	37	91.9	8.1	100
	2016	21	85.7	14.3	100

부산형 착한기업 클럽의 지속적 발전을 위한 과제에 대한 분석결과는 다음의 〈표 4-25〉와 같다. 먼저 전체 기업들은 '참여기업에 대한 유익한 정보제공'을 53.7%로 가장 많이 지적하였으며, 그 다음으로 '착한기업의 정체성 확립'이 21.6%, '착한기업 클럽에 대한 재정적 지원'이 12.7%, '다양한 자문위원의 적극적 참여'가 10.4%로 나타났다.

업종별로 제조업의 경우 '참여기업에 유익한 정보제공'이 61.1%로 가장 높았으며, 그 다음으로 '착한기업의 정체성 확립'이 17.9%, '착한기업 클럽에 대한 재정적 지원'이 13.7%의 순으로 나타났으며, 비제조업의 경우에는 '착한기업에 대한 유익한 정보제공'이 35.9%, '착한기업의 정체성 확립'이 30.8%, '다양한 자문위원의 적극적 참여'가 17.9% 등의 순으로 나타났다.

기업지원형태에서 창업형의 경우 '참여기업에 유익한 정보제공'이 52.0%로 가장 높았으며, 그 다음으로 '착한기업의 정체성 확립'이 36.0%, '다양한 자문위원의 적극적 참여'가 8.0%의 순으로 나타났다. 채용약정형 OJT 기업의 경우도 '참여기업에 유익한 정보제공'이 54.1%로 가장 높았으며, 그 다음으로 '착한기업의 정체성 확립'이 18.3%, '착한기업클럽에 대한 재정적 지원'이 15.6%의 순으로 나타났다. 결국 부산형 착한기업 클럽이 지속적으로 발전하기 위해서는 무엇보다도 참여기업들이 클럽활동을 통해 자신들의 기업에 유익한 정보가 제공될 수 있도록 운영되어야 함을 시사한다.

<표 4-25> 부산형 착한기업 클럽의 지속적 발전을 위한 과제

(단위 : 개, 행%)

구분		응답 기업수(개)	착한 기업의 정체성 확립 (%)	참여 기업에 유익한 정보 제공 (%)	지역사회 봉사방안 마련 (%)	착한기업 클럽에 재정적 지원 (%)	다양한 자문위원 의 적극적 참여 (%)	기타(%)	합계(%)
전체		134	21.6	53.7	1.5	12.7	10.4	0.0	100
업종	제조업	95	17.9	61.1	0.0	13.7	7.4	0.0	100
	비제조업	39	30.8	35.9	5.1	10.3	17.9	0.0	100
지원 형태	창업형	25	36.0	52.0	4.0	0.0	8.0	0.0	100
	채용약정형 OJT	109	18.3	54.1	0.9	15.6	11.0	0.0	100
지원 연도	2012-2013	21	33.3	28.6	0.0	23.8	14.3	0.0	100
	2014	17	17.6	70.6	0.0	5.9	5.9	0.0	100
	2015	53	24.5	54.7	1.9	13.2	5.7	0.0	100
	2016	43	14.0	58.1	2.3	9.3	16.3	0.0	100

새로운 지역 틈새일자리 프로젝트
부산형 착한기업 2012~2016

—

05

제 5 장

부산형 착한기업
Best 11

부산형 착한기업 BEST 11 [16)

1. 생활기술형 창업기업

㈜캠핑바이크

메이드 인 부산, 글로벌 캠핑 브랜드!

바야흐로 캠핑 인구 500만 시대! 자동차와 텐트만 있다면 떠나기 좋은 '지금은 캠핑 시대'. 한번 발을 들이면 한도 끝도 없이 지갑을 열게 된다는 캠핑용품은 수요가 큰 시장인 만큼 가격도 천차 만별이다. 이런 상황에서 소비자들의 트렌드가 가성비를 만족하고자 하는 방향으로 흘러감에 따라 다양하고 가성비 높은 제품을 판매하는 ㈜캠핑바이크가 캠퍼들에게 각광을 받고 있다.

대표	김율권
설립일	2015년 4월
업종 및 취급품목	오토캠핑용품, 등산용품, 자전거용품 제조, 주문제작
홈페이지	www.campingsori.com (캠핑소리)
회사위치	부산광역시 사상구 낙동대로 1356
사원수	8명
비전 및 슬로건	당신에게 들려주고 싶은 또 하나의 소리, 캠핑소리
착한기업 협약일	2015년 4월 8일
창업형 채용인원	2015년 4명
OJT약정 채용인원	2015년 3명
주요연혁	2015년 부산 최초 캠핑 & 자전거용품 매장 오픈
	2015년 부산형 착한기업 선정
	대형온라인마켓 이랜드몰, 하프클럽, AK몰 입점 및 온라인 판매 시스템 구축
	소셜온라인마켓 티몬 입점 온라인 판매 시스템 구축

---

16) 이 장은 김종한·류장수·박성익·이근호(2016. 12), 『부산형 착한기업 육성 및 일자리 창출 프로젝트 사례집』, 고용노동부·부산광역시·부산고용포럼 제3장을 수정·보완한 것이다.

부산 삼락동 ㈜캠핑바이크. 캠핑용품을 파는 이곳에서는 회원 수 1만 명이 넘는 쇼핑몰 '캠핑소리'를 운영하고 있었다. 캠핑과 자전거를 결합한 새로운 캠핑문화를 열고 있는 ㈜캠핑바이크는 기존의 캠핑용품은 물론, 자전거캠핑의 필수품인 카고 트레일러를 자체 제작 판매하고 있다.

사무실 옆 마련된 물류창고이자, 오픈형 매장에는 코펠, 텐트, 의자, 버너, 장작, 자전거 등 수백여 가지 제품을 전시해 놓았다. 이곳에서는 가격대비 품질이 뛰어난 고급텐트부터 미니멀 캠핑 용품, 자전거 트레일러 등 갖가지 형태의 캠핑 관련 제품이 총망라돼 있어 스타일에 맞는 최적의 상품을 원스톱으로 구매할 수 있다. 특히, 회사의 디자이너가 직접 디자인한 용품과 주문자생산 방식으로 제작된 텐트, 자체 제작한 캠핑바이크 등 제조과정에서 거품을 쏙 빼, 진정한 캠핑 마니아들에게 큰 호응을 얻고 있다.

착한기업 선정이 큰 엔진

김 대표는 '너무도 좋아하는 캠핑을 통해 사업을 해보고 싶다'는 열망으로 창업에 나서게 되었다고 한다. 캠핑문화가 커진 것도 한 몫했지만, 전국에 오토캠핑장과 자전거 길이 조성되면서 대중적인 여가문화로 자리 잡을 것이란 확신이 들었다. 실제로 캠핑아웃도어진흥원에 따르면, 국내 캠핑산업 규모는 2008년 2백억 원에서 2015년 6천억 원 규모로 7년 만에 30배에 이를 정도로 빠르게 성장했다. 그렇게 창업에 확신을 가진 김 대표는 2015년 부산형 착한기업에 선정돼 지원을 받으면서 본격적인 사업을 시작하게 되었다.

㈜캠핑바이크는 부산형 착한기업 프로젝트를 통해 컨설팅 받은 대로 '캔버라', '캠핑문' 등 자사 브랜드 제품을 기획한 뒤 생산은 외부에서 해 저렴한 가격에 좋은 제품을 팔고, 사후서비스도 즉시 해주고 있다. 특히, 2명의 디자이너를 투입(착한기업 채용약정형 OJT), 획일적인 캠핑용품만 있던 국내 시장에서 세분화된 디자인과 기능의 제품을 트렌드에 맞게 출시하고 있는 것이 인기비결이기도 하다. 실제로 ㈜캠핑바이크는 2015년 8월 창업 완료 후 매출도 크게 오르고, 직원도 4명에서 8명으로 늘었다.

자사 브랜드 제품 출시로 날개를 달다

김 대표는 '착한기업'을 통한 가장 큰 수혜는 자금지원도 있지만, 사업 시작 전에 회사운영과 회계관리, 마케팅기법 등을 배운 것을 첫 손에 꼽는다. 그런가하면, '채용약정형 OJT'를 통해 입사해 쇼핑몰의 전반적인 운영을 담당하고 있는 김현진 씨는 교육훈련을 받을 당시, 1:1 맞춤형 교육으로 심도 있게 진행되어 무척 만족스러웠다고 한다.

캠핑마니아이기도 한 그는 "캠핑에서 설레는 마음으로 출시된 제품을 직접 써보고, 이를 토대로 고객에게 생생한 상품정보를 전하고, 공유할 수 있어 너무 좋다"는 말로 입사소감을 대신 했다. 캠핑용품도 유행을 타고, 우주복 소재 등 다양한 제품이 출시되는 추세에서 배워야 할 것도 많지만, 좋아하는 일이기에 그 또한 즐겁다는 김현진 씨. 그녀는 사무실 한쪽이 곧 캠핑용품으로 가득 찬 '도심 속 캠핑장'이라 생각하면 출근길도 상쾌해진다고.

㈜캠핑바이크는 지난 한해 성장의 여세를 몰아 내년에는 자전거 트레일러처럼 친환경적인 용품의 제작과 함께 실생활에서도 활용할 수 있는 라이프형 캠핑용품을 개발하는데 더욱 초점을 맞출 계획이다. 아울러 자체브랜드의 아이템 확장을 통해 소비자와의 접점을 늘린다는 계획이다. 넘쳐나는 캠핑 브랜드 속에서 부산의 캠핑 브랜드가 곧 전국 브랜드로, 글로벌 브랜드로 뻗어갈 수 있도록 하겠다는 것이 ㈜캠핑바이크의 청사진이다.

㈜참텍

3전 4기의 정신, 열정으로 희망을 꿈꾼다

㈜참텍은 자동차 도어에 장착된 임팩트빔을 생산하는 기업이다. 채흥태 대표가 ㈜참텍을
세운 것은 2015년 6월, 채 대표의 '3전 4기 창업 스토리'는 좌절과 도전으로 점철돼 있다.
지금의 회사를 설립하기까지는 혹독한 인생 여정이 있었다. 그래서인지 "창업하고자 하는
사람에게 교육을 시켜주고, 자금을 지원해주며 성공할 수 있도록 많은 이들이 발 벗고 도와준다.
지원 체계가 잘 갖춰져 있어서 열정을 갖고 열심히 노력하면 누구든 창업에 성공할 수 있다"라는
그의 말은 그래서 더 큰 울림으로 다가온다.

대표	채흥태
설립일	2015년 6월
업종 및 취급품목	자동차 임팩트빔 생산
홈페이지	http://charmtech.itrocks.kr
회사위치	부산광역시 기장군 장안읍 명례리 899-10
사원수	4명
비전 및 슬로건	우수한 품질, 앞서가는 기술력
착한기업 협약일	2015년 5월 6일
창업형 채용인원	2015년 3명
주요연혁	2015년 6월 법인 설립
	2015년 6월 부산형 착한기업 선정
	2015년 7월 국내특허출원 (현재 등록 2건, 출원2건)
	2015년 11월 해외(중국)특허 출원 (미국, 일본 특허준비중)
	2016년 1월 한국지식재산전략원 IP-R&D 지원사업 선정
	2016년 2월 기업부설연구소 설립
	2016년 2월 벤처기업 인증
	2016년 5월 한국발명진흥회장 표창장 수여
	2016년 5월 중소기업청기술정보진흥원 기술개발사업 선정

㈜참텍이 생산하는 임팩트빔은 사고 시 차량에 가해지는 충격을 분산시키는 중요한 부품으로, 고장력강의 파이프를 920℃ 이상에서 가열 후 급랭시킨 초고강도 제품을 개발하고 있다. 채 대표는 최신 생산설비와 공정 혁신을 통해 도어 임팩트빔의 연신율(금속이 끊어지지 않고 늘어나는 비율)을 국제 권장 기준(8%)보다 훨씬 높은 12% 이상으로 끌어올려 안전성을 대폭 높였다. 그러던 중 국내 최대의 자동차회사에서 실시한 자동차안전 실차 충돌시험에서 도어 임팩트빔이 파손됐다는 뜻밖의 소식이 들려 왔다. 그동안 시행착오를 겪으며 차근차근 준비한 채 대표의 노력이 빛을 발하게 될 시간이 온 것이다.

㈜참텍은 이와 함께 균일한 가열 및 담금질 공정을 통해 진직도(물체의 표면이 직선과 얼마나 벌어져있는지 측정한 값)를 개선해 안정성을 높였다. 현재 임팩트빔의 최강자로 등극 중인 ㈜참텍은 시제품 품질인정을 거치면 수출 1억 원, 내수 2억 원의 매출이 예정되어 있다. 채 대표는 앞으로 660여억 원 규모의 국내 시장에서 15%의 점유율을 1차 목표로 하고 있다.

실패와 좌절을 딛고 다시금 일어서다

대기업 무역부를 거쳐 외국계 기업에서 일하던 채 대표는 '내 사업을 해보고 싶다'는 열망으로 인생의 새로운 도전인 창업에 나서게 됐다. 직장 선배의 소개로 소규모 식품 무역업을 시작했다. 하지만 중간 유통업체의 부도로 고스란히 피해를 떠안게 됐다. 하루아침에 신용불량자 신세가 됐고, 취업 길도 막혔다. 건설현장이나 영업직을 떠돌며 생계를 꾸려갈 수밖에 없었다. 다시 지인의 소개로 윤활유와 접착제를 제조, 판매하는 회사와 자동차용 엔진오일첨가제 제조업체의 대리점을 잇달아 내면서 창업에 나섰으나 공급처의 품질 문제로 연이어 문을 닫고 말았다. 철저한 준비 없이 쫓기듯 창업한 결과는 혹독했다. 사업자금을 마련해 준 부모님의 집은 경매로 처분되고 어머니 역시 충격에 큰 병을 얻게 됐다.

하지만 부끄러운 가장으로 기억될 수 없다는 일념으로 다시 힘을 짜냈다. 백방으로 구직에 나선 끝에 사고 시 차량에 가해지는 충격을 분산시키는 안전장치인 도어 임팩트빔을 생산하는 업체의 생산, 영업팀장을 맡게 된다. 그가 근무했던 공장은 무거운 파이프를 사람이 직접 적재해야 하는 등 근무 환경이 열악했고 이직률도 높았다.

한일기술교류재단을 통해 체계적인 열처리기술 교육을 받은 채 대표는 공정의 현대화를 시도했지만 회사는 추가 투자에 난색을 보였다. 직장생활의 현실적인 한계와 전부터 구상한 차량 임팩트빔의 품질 개선방향을 고민한 그는 다시 한번 창업을 결심한다. "3번의 실패에서 얻은 교훈은 창업을 할 때는 내가 가장 잘 알고, 잘할 수 있는 것을 해야 한다는 것입니다. 단순히 겉으로 좋아 보이는 분야에서는 이미 산전수전 다 겪은 기존 진입자들이 하루하루 치열하게 전쟁을 치르고 있기 때문입니다."

한줄기 빛과 같았던 부산형 착한기업 인증

새로운 창업 역시 쉽지 않았다. 다시 처음으로 돌아가 창업 아이템에 대한 기술성, 사업성, 판로, 인력, 예산 등 모든 부분을 확인하고 세밀하게 점검했다. 사업 아이템에 대한 확고한 신념을 갖게 되자 주변의 많은 이들이 그의 멘토가 돼 줬다. 부산형 착한기업. 중소기업진흥공단, 신용보증기금 창업보증 등에 선정돼 적지 않은 사업 자금을 마련했다. 부산창업지원센터는 입주 공간을 내주고, 다양한 지원 프로그램과 함께 성공할 수 있다는 용기를 줬다. 그렇게 기관의 인증과 주변의 도움을 받아 그는 기장군 명례산업단지에 500평 규모의 공장을 마련했다.

이에 대해 창업부터 함께 해 온 유태우 부장은 "사장님의 뚝심을 믿고 우리의 기술력을 믿는다"라고 얘기한다. 작지만 강한 기술집약적인 기업이 목표라는 그는 직원들에게 경제적, 시간적으로 여유를 누리며 자긍심을 갖고 창의적 열정을 쏟을 수 있는 분위기를 만들어주는 회사에 뼈를 묻을 예정이라며 신뢰감을 보였다. 진정한 착한기업은 개개인의 삶에서 꿈을 실현하고 행복을 누릴 때 고객을 감동시키는 제품이 나올 수 있는 것이 아니겠냐는 것이 그의 지론이다.

현재 이 회사는 국내 한 완성차 업체의 협력업체와 부품 공급 계약을 진행 중이다. 채 대표는 회사의 비전으로 경쟁력 있는 제품 생산과 높은 부가가치 실현을 꼽았다. 그는 해외시장에서의 기술판매를 통한 로얄티획득을 목표로 하고 있으며, 탄소섬유결합형 임팩트빔제품을 연구개발하여 차량의 경량화를 통한 제품의 고부가가치를 실현하고자 한다.

㈜피플로지스틱스코리아

물류와 경제, 사람을 잇다

현재 글로벌 물류의 흐름은 전 세계 경기둔화와 수출입구조의 변화 등을 맞고 있다.
특히, 운송과 관련된 업무를 처리해주는 국제물류주선업(forwarding)의 경우에는 국내
대형 해운사의 타격으로 더더욱 힘겨운 고비를 넘기고 있기도 하다. 대내외적으로 어려운
여건에도 불구하고, 묵묵히 물자를 통한 소통을 이어가고 있는 ㈜피플로지스틱스코리아의
'물류' 이야기를 들어보자.

대표	김봉재
설립일	2016년 5월
업종 및 취급품목	국제물류주선업(포워딩)
홈페이지	http://people2016.net
회사위치	부산광역시 해운대구 센텀서로 30, 1101호 (우동, KNN타워)
사원수	5명
비전 및 슬로건	세계, 도약, 비상, 미래, 인간
착한기업 협약일	2016년 4월 6일
창업형 채용인원	2016년 5명
주요연혁	2016년 ㈜피플로지스틱스코리아 설립
	2016년 부산형 착한기업 선정

㈜퍼플로지스틱스코리아는 해상운송과 항공운송, 내륙운송, 기타 소량 LCL 화물부터 BULK화물까지 5대양 6대주 모두를 커버한다. 구체적으로는 컨테이너 운송(LCL/FCL), 대량화물(BULK/PROJECT) 및 3국간 화물운송 등 다양한 분야에서 전문화된 해상 운송 서비스를 제공하고 있다. 무엇보다 수출입 통관, 포장, 보관, 보험, 무역 컨설팅 서비스 등의 물류전반에 대하여 고객 니즈에 부합하는 서비스를 제공하는 '토탈 물류 서비스'를 맡고 있는 것이 강점이다. 협력 관세사 및 운송업체를 통해 국제물류 관련 수출입화물에 대한 국내 운송 및 통관 그리고 국내 각 협력업체들과의 긴밀한 연계를 통해 완벽한 종합물류 서비스를 제공하는 이 회사는 지난 2016년 5월 창업이후 매출액 20억을 달성(2016년 12월 기준)하며 지속적으로 성장해 나가고 있다.

귀중한 화물을 목적지까지 안전하게 운송하기 위해 직원들은 다양한 운송방법을 고민하고, 최적의 시스템을 도입해 고객의 요구 사항에 맞는 신속하고 정확한 최상의 서비스를 제공하는 것이 바로 그 비결인 셈이다.

중소기업에 힘이 되는 글로벌 물류 에이전시

창업기업 대상, 부산형 착한기업 2016년 1호로 선정된 ㈜피플로지스틱스코리아. 창업 전 10년이상 글로벌 물류회사에서 영업을 담당했다는 김 대표는 글로벌 시장의 성장의 중심에는 물류가 흐르고 있음을 감지하고는 잠재력이 무궁무진하다는 것을 느꼈다고 한다. 수년간 지속된 '글로벌 경기침체'가 걸림돌이 되기도 했지만, 분명 새로운 영역인 '블루오션'이 물류 쪽에도 존재한다는 믿음이 있었다고 한다. 그 과정에서 대기업처럼 물류 자회사가 있는 곳이 아닌, 중소 및 강소기업의 수출입에서 창업의 힌트를 얻었다. 실무경험과 그간의 노하우를 바탕으로 글로벌 물류 에이전시를 만들어보고자 회사를 세웠다. 전문적 도움이 필요한 기업들에게 국제운송, 통관, 운송, 보관 등의 토탈 솔루션을 제공하면서 물류비 절감과 경쟁력을 강화하는 등 서로 'win-win' 할 수 있는 구조를 만들고자 한 것이다. 김 대표의 이러한 틈새전략은 잘 맞아 떨어졌고, 신생 업체임에도 불구하고 현재 조선, 건설, 장비 등 약 70여 곳의 수출입 업체와 거래관계를 유지하고 있다.

늘어난 네트워크만큼이나, 해당 업무의 인재들을 4명이나 영입하며 과감하게 투자했다. 창업기업을 법인화시킨 것 또한 미래를 위한 준비차원에서였다. 무엇보다 '부산형 착한기업'으로 선정되어 받게된 지원금도 든든한 힘이 되었으며, 세무나 관세 교육 등 실질적인 교육을 많이 받았던 것이 가장 좋았다고 한다.

사람과 사람을 잇고, 해결점을 찾아가는 착한 회사

한편, 경력 16년차로 '물류통'으로 꼽히는 김래영 차장은 김 대표의 인재 영입의 성공사례이기도 하다. 창업기업이지만, 진취적인 김 대표의 경영방식과 직원중심, 사람중심의 회사가 마음에 들었다는 김 차장. 다국적 기업인 DHL을 비롯해 글로벌 기업에서만 쭉 일을 해 온 김 차장은 정해진 시스템에서 일을 할 때와는 달리 처음부터 끝까지 다루는 이쪽 일이 무척 흥미롭다고 말한다.

중소기업의 수출을 도와주는 수출 에이전시이기에 기업물류비 절감과 물류자원 활용 효율을 높이기 위해 더 많은 고민을 해야 하지만, 고객의 만족이 곧 개인의 성과이기도 해 보람 또한 무척이나 크다. 매일 출근할 때 출입문에 붙어있는 '부산형 착한기업' 현판을 보면서, 추상적일 수 있지만 '사람과 사람을 잇고 해결점을 찾고, 물류를 이어가는 착한 회사에 근무한다'는 생각이 든다는 김래영 차장. 그의 말마따나 생산자로부터 소비자까지 전달되어지는 물자(물류)의 흐름은 결국 사람이 핸들링 하는 것이다. ㈜피플로지스틱스코리아의 기업 로고인 포개어진 손은 곧 새의 날갯짓이자, 사람을 의미하는 것만 봐도 잘 알 수 있다. 더군다나 '착한기업'은 ㈜피플로지스틱스코리아가 신뢰할 수 있는 기업, 고객 만족을 위한 사람이 중심이 되는 기업으로 발돋움 하는 데 큰 발판이 될 것이다.

대기업 위주의 포워딩 시장에서 작지만 알차게 중소기업들을 돕고 있는 ㈜피플로지스틱스코리아. 김봉재 대표는 향후 거품을 뺀 오픈시스템을 만들고, 1:1 컨설팅을 통한 맞춤형 수주로 큰 기업들도 믿고 맡길 수 있는 경쟁력을 갖춰가겠다고 밝혔다.

다정패션

옷을 짓는다는 것은 신념을 지킨다는 것

칙칙한 색상에 단순한 디자인으로 일관했던 작업복에 디자인을 가미하고 기능성소재로
퀄리티와 멋을 동시에 추구한다. 같은 값이라면 누구라도 바꿔보고 싶을 것이다.
사무직은 물론 생산현장의 기능직 근로자들도 밝은 분위기에서 편하게 입고 일할 수 있는
작업복을 만들고, 기능성이 가미된 각종 스포츠웨어를 제작하고 있는 다정패션은
설립 1년도 안된 신생기업이지만 그 성장속도가 무서울 만큼 빠르다.

대표	남다정
설립일	2016년 5월
업종 및 취급품목	각종 스포츠웨어, 기능성 의류 제작
회사위치	부산광역시 해운대구 센텀동로 57, 3층 인큐베이팅센터(우동, 디자인센터)
사원수	5명
비전 및 슬로건	정해진 시간에 최선을 다하자
착한기업 협약일	2016년 4월 22일
창업형 채용인원	2016년 3명
주요연혁	2016년 부산형 착한기업 선정

다정패션은 '2016 부산형 착한기업' 중에서도 가장 젊은 신생기업이다. 작은 사무공간과는 달리 별도로 마련된 자체 물류창고이자 작업실에서는 연신 재봉기가 돌아가고 있는 중이다. 특히, 작업복은 다정패션의 히트상품 중 하나다.

제조업 트레이드마크인 획일적인 청회색 계열에서 벗어나 컬러의 개선과 하이라이트를 가미함과 동시에 소재면에서도 스포츠웨어의 잉여원단을 업사이클링하여 발수, 경량, 스트레치 기능 등을 부여해 작업복에 디자인과 기능성을 더했다. 실제로 다정패션의 작업복은 중소기업진흥공단에 속한 400여개 기업을 중심으로 활발한 마케팅을 펼치고 있다.

생생한 글로벌 비즈니스로 체득한 패션DNA

　남다정 대표와 함께 회사를 이끌고 있는 김창우 이사는 다정패션의 창업 공신이다. 대학시절, 글로벌인턴사업에 선정되면서 인도네시아를 가게 되었고, 이후 글로벌 비즈니스에 눈뜨게 되었다는 김창우 이사. 그는 인도네시아에 지사가 있는 한 무역회사에서 6년간을 보내면서 OEM에서 브랜드마케팅 그리고 생산까지 모두를 섭렵, 실무를 통한 자산을 가지게 되었다. 이후 한국으로 돌아와 글로벌 SPA 브랜드마케팅팀에서 1년 가까이 근무하면서 패션업계의 생생한 흐름도 체득했다.

　남다정 대표는 이런 경력의 김창우 이사와 함께 해당업계에 뛰어들게 되었다. 중소기업 진흥 공단에서 만난 중소기업 대표들로부터 "작업복도 보기 좋고, 생동감 있게 변화했으면 좋겠다"는 말을 듣고 또 다른 사업 아이템으로서의 작업복을 포함한 기능성 의류로 영역을 넓히게 된 것이다.

　이후, 본격적인 창업을 하게 된 그는 '착한기업 육성 프로젝트를 통해 마케팅비와 원자재비 등을 지원받으며, 한도 내에서 신명나게 샘플링 작업에 돌입했다. 클라이언트가 원하는 모델을 한 가지, 한 소재만이 아닌 여러 가지를 준비해 가는가 하면 직접 발로 뛴 영업으로 초기 200벌의 주문은 곧 500벌이 되었다.

고용창출을 동반한 기업성장 꿈꿔

다정패션은 창립 1년도 안되었지만 2명의 인원을 추가채용하며, 무서운 속도로 성장하고 있다. 그 중 마케팅과 홍보업무를 맡고 있는 김은성 대리는 완성도 높은 봉재와 디자인, 차별화된 소재, 합리적인 가격을 최대의 강점으로 내세웠다.

김 대리는 회사가 스포츠웨어의 잉여원단을 업사이클링하여 작업복을 만드는 것을 보고 '아! 내가 이 일을 함으로써 경제적인 이익창출 뿐만 아니라 누군가에게 도움이 될 수 있겠구나'하는 생각이 들었다고 말한다.

그렇게 작업자의 환경과 사람을 생각하며 일한다면 계속해서 회사는 성장해 나갈 것이고, 성장해가면서 직원을 한 명씩 더 채용하는 것 또한 사회에 이바지를 하는 것이고, 바로 그게 착한기업이 아니겠냐고 말하는 김은성 대리. 그녀는 회사의 강점을 주어진 시간 내에 최선을 다하고, 야근이 없는 것이라고 했다. 남다정 대표 또한 의복의 환경과 디자인을 개선하는 일을 하는 만큼 직원들의 마음에도 여가가 존재해야 창의성이 발현된다고 믿는다고.

"좋은 소재를 저렴한 가격에 공급해 좋은 옷을 만들어갈 것입니다. 비록 회사의 가격 경쟁력은 낮아지더라도 품질을 낮추지는 않을 것입니다"라며 단호하게 말했다. 그의 말에서 앞으로 다정패션의 행보의 귀추가 주목된다.

해피워리㈜

새로운 발상의 진화, 스마트폰 케이스의 진화

보호 케이스와 보조 배터리는 스마트폰을 사용하면서 가장 기본적으로 필요로 하는
액세서리로 꼽히고 있다. 그렇다면 이 두 개가 합쳐진다면 어떨까? 해피워리㈜가 개발,
출시하고 있는 스마트폰 보호 케이스에 배터리가 내장된 제품들은 여러모로 편리함을
제공하고 있다. 우선 보조 배터리와 스마트폰을 따로 충전해야 하는 불편함을 없애주며,
따로 가지고 다녀야 하는 번거로움도 없애준다. 해피워리㈜는 배터리 내장 스마트폰
케이스와 지문인식 USB 제조를 전문으로 하는 기업으로 스마트폰의 편의를 보다
확장시킨 벤처기업이자, 부산형 대표 착한기업이다.

대표	김상훈
설립일	2014년 1월 14일
업종 및 취급품목	배터리 내장 스마트폰 케이스, 지문인식 USB
홈페이지	http://www.happyworry.biz
회사위치	부산광역시 수영구 광남로 88 401
사원수	5명
비전 및 슬로건	We worry for people's happiness. For happy, To worry.

착한기업 협약일	2014년 6월 2일
OJT 약정 채용인원	2014년 2명
주요연혁	2014년 1월 해피워리㈜ 설립
	2014년 부산형 착한기업 선정
	2014년 6월 벤처기업 인증
	2015년 7월 동서대 산학협력단 협약
	2016년 1월 대만 해외지사화 체결
	2016년 2월 내수기업 수출기업화 선정

모바일 사용시간이 급속도로 늘어나면서 충전을 매일같이 하는 일은 너무도 익숙한 장면이다. 이럴 때 보조배터리가 내장된 케이스를 사용한다면 훨씬 편리하게 사용할 수 있다. 또한 배터리 분리형 단말기의 경우 사용 중인 배터리의 수명이 다해서 사용시간이 짧아지면 배터리를 새것으로 교체해서 사용 시간을 간단하게 늘릴 수 있다. 그러나 배터리 일체형 단말기는 일반적으로는 배터리 교체가 불가능하기 때문에 이럴 때에도 배터리 내장형 스마트폰 케이스는 더더욱 유용해진다.

해피워리㈜가 출시중인 제품은 파워케이스 또는 배터리케이스라고 불리며, 구체적으로는 스마트폰 케이스에 배터리가 내장된 제품이다. 이는 스마트폰 케이스에 배터리가 내장되어 있어서 번거롭게 보조배터리를 들고 다니지 않아도 되며, 케이스에 배터리가 내장되어 있어, 얇고 가볍고 발열 없이 100% 충전이 가능 한 것이 가장 큰 특징이다. 이 제품은 해피워리㈜만의 디자인 특허가 등록이 되었으며, 기술 특허도 2건 출원 중에 있다.

아이디어의 진화가 곧 사업으로 진화

"필요에 의해 발명이 이루어진다고 했습니다. 우리는 사람의 필요뿐만 아니라 생각하지 못했던 것의 개발과 연구에 끊임없이 투자하여 인간의 삶을 보다 흥미롭고 즐겁게 만들고 싶습니다"라고 말하는 김상훈 대표. 그가 해피워리㈜를 창업하게 된 데는 "필요에 의해서"였다. 젊은 나이에 사업을 시작했기에, 맨땅에 헤딩하듯 영업 중심으로 다녀야했다. 이에 따라, 항상 스마트폰을 손에 놓지 않았고, 다니다보면 늘 배터리가 없어서 통화가 단절이 되어 불편함을 많이 느꼈다. 그러던 중, "스마트폰 케이스에 배터리를 내장시키자!"라는 생각으로 해피워리㈜를 설립하게 되었던 것이다.

초반에는 어려운 부분도 정말 많았다. 자본이 없어 직원 1명에 대한 인건비가 부담스러웠다. 그러던 중, 부산형 착한기업 지원사업에 대해 알게 되었고, 부산형 착한기업의 직원채용에 대한 지원금으로 자금에 대한 압박을 벗어날 수 있었다. 이러한 혜택 덕분에 정말 '착한기업'이라는 타이틀을 얻은 만큼, '착하게 사업하자'라는 생각이 깊이 든다는 김상훈 대표는 해피워리㈜가 해당 분야의 비즈니스 모델로서 거듭나고 싶다고 말했다.

많은 스타트업 기업이 그러하듯 해피워리㈜ 또한 자체 공장이 없어서 연구개발부터 금형설계제작, 제품디자인, 제품조립까지 모든 공정을 아웃소싱으로 하다 보니 품질관리 및 비용의 지출이 심해서 위기도 있었다. 그렇지만, 각 회사와 꾸준한 미팅 및 인간적인 만남으로 그 위기를 극복할 수 있었다고. 결국 "사람이 답이다"라는 것이 그가 체득한 비즈니스 마인드다.

좋은 제품 출시로, 받은 만큼 베푸는 착한기업 될 터

자나 깨나 스마트폰 디바이스 관련 제품만 생각한다는 김상훈 대표. 그가 이 끄는 해피워리㈜는 최근 '지문인식 USB' 개발에도 박차를 가하고 있다. 해당 제 품은 USB에 지문인식 센서를 장착, 지문 등록이 된 이용자가 아닐 경우 접근을 차단한다.

특히, PC에 USB를 꽂으면 파밍사이트(가짜 금융기관 사이트)가 자동으로 차 단되며, 공인인증서 로그인 시 비밀번호 대신 지문을 활용해 더 편리하고 안전한 보안 환경을 제공한다.

최근 개인정보유출이 사회적인 문제로 인식 됨에 따라 지문인식이 되어야 내 용을 확인할 수 있는 '지문인식 USB'에 회사는 모든 마케팅 및 네트워크를 가동 하고 있다. 이 또한 배터리 내장 스마트폰 케이스의 경우처럼, 잃어버리기 쉽고, 누구나 열어볼 수 있어 불안했던 USB에 획기적 아이디어를 또 접목시킨 것이다.

해피워리㈜는 부산형 착한기업의 지원에 힘입어 올 상반기 내 해외진출을 앞 두고 있다. 내수가 아닌 수출 중심의 사업이 창업 3년 만에 이뤄지는 것이다.

이에 대해 김 대표 "올해 해외 수출을 목표로 지문USB 메모리의 다양한 제품 들을 계속 출시해 소비자 트렌드에 맞게 대응할 계획을 세우고 있다"며 "부산형 착한기업 지원을 받아 글로벌 기업으로 성장할 것"이라고 밝혔다.

그는 더불어 "사랑을 받아 본 사람만이 사랑을 줄 수 있다"며 지원을 받은 것에 감사하며, 그에 부합하기 위해 전 세계 많은 사람들이 만족할 수 있는 제품을 출 시하겠다는 말로 청사진을 대신했다.

㈜세종디자인

상상하는 것들을 표현하는 디자인

현재의 디자인 인쇄산업은 급격한 패러다임의 변화를 경험하고 있다. 소량 다품종으로 바뀐 구조와 종이를 통해 전달되던 콘텐츠는 데이터로 대체되고 있다. 이런 여건 속에서 디자인이란 타이틀을 걸고 풀 수 있는 모든 것을 하는 '제한이 없는 디자인'을 하는 ㈜세종디자인의 행보가 무척이나 돋보인다. 그래서인지 ㈜세종디자인에는 직원들끼리 다양한 생각을 나눌 수 있고 자유롭게 얘기할 수 있는 분위기가 자연스럽게 흐른다.

대표	이태우
설립일	2012년 7월
업종 및 취급품목	디자인, 홍보기획, SIGN, 인쇄, 3D프린팅 외
홈페이지	http://www.sejongdtp.com
회사위치	부산광역시 사상구 주례로 25 (주례동 2층)
사원수	10명
비전 및 슬로건	상상하셨던 것을 표현해드립니다!

착한기업 협약일	2014년 9월 23일
OJT 약정 채용인원	2014년 3명
주요연혁	2012년 세종DTP설립
	2013년 3D프린터 도입
	2014년 주식회사 세종디자인 법인전환 /
	디자인&프로세스 사업부 확장이전
	ISO 9001 품질경영시스템 인증획득 / 벤처기업확인 인증 /
	특허출원A
	2015년 산업디자인전문회사 등록 / 동남권디자인전문회사 인증획득
	세종디자인연구소 설립 / 직접생산확인 인증확인
	2016년 특허증A 획득 / 특허출원B
	한국디자인진흥원 수출역량강화사업 수행기관 선정, 협약

한눈에 보기에도 젊은 기운이 감도는 직원들 그리고 사무실 한쪽에 마련된 갖가
지 오락기기와 아이디어 스케치 등… 사무실 곳곳이 디자인적 영감이 샘솟는 오
브제로 꾸며진 ㈜세종디자인은 평균연령 25세의 디자인 전문기업이다. 이태우
대표에 의하면 사무실을 주례동에 설립한 것도 인근 대학의 인재들의 취업을 위
한 일명 '연어 프로젝트'를 위해서였다고 한다.

㈜세종디자인이 펼치고 있는 디자인의 범위는 홍보기획, 디자인, 설계, 인쇄,
시공으로 무척 다양하다. 게다가 직접 생산시설도 갖췄다. 연신 기계가 돌아가
고 있는 프로세스실에서는 갖가지 옵셋인쇄부터 디지털인쇄, 실사, 아크릴이나
기타 특수UV인쇄, 3D프린터, 특수 접목인쇄물 등을 제작 생산하고 있었다.

작아진 인쇄시장 틈새를 여는 키는 '사람'

이태우 대표는 2012년, 당시 현격히 줄어든 인쇄시장에서 디자인기획사를 설립한다고 했을 때 주변의 많은 이들로부터 걱정어린 말을 들어야만 했다. 회사설립 전 동종업계에서 대리경영을 먼저 시작했던 터라 경영과 관리는 어느 정도 잔뼈가 굵었던 그가 가진 단 하나의 자신감은 바로 '사람'이었다. 시스템만 잘 갖추면 사람이 하는 일인 만큼, 디자인회사도 100년 기업이 될 수 있을 것 같은 생각이 들었다.

업력 5년차, 그간 어려움도 컸다. 사회 분위기상 각종 행사나 홍보물 수가 현격히 줄어 매출이 급격하게 떨어졌다. 엎어진 김에 쉬어가라고 무리한 경영보다 내실을 키우는 데 힘썼다. 특히, 디자인회사에서 놓치기 쉬운 특허와 벤처기업, ISO 9001 인증을 따낸 것이 바로 그것이다.

그 과정에서 알게 된 '부산형 착한기업 프로젝트'는 가뭄의 단비 같은 지원사업이었다. 신규직원을 채용하면 교육비지원으로 도움을 받는 구조가 너무도 마음에 들었고, 이를 통해 3명의 인력을 채용하게 되었다. 생산은 장비투자를 하면 해결되지만, 인력은 시간과 자금이 동시투자가 되어야 했기 때문이다.

그렇게 내실을 다진 이후 세종은 진화했고 위기도 모면하게 되었다. 인원보충, 설비확대, 체계적인 운영시스템도입으로 모두가 고전하는 디자인 인쇄시장에서 '매출 3배 성장'을 기록한 것이다.

이 대표는 이에 대해 특히, '사람'이 자원인 디자인 영역에서 든든한 연결고리 역할을 해준 '부산형 착한기업 프로젝트' 덕을 톡톡히 보았다며, 직원 한명 한명이 '세종의 정예요원'이라고 엄지를 치켜세웠다.

다양함으로 세상을 잇는 다리 만들고 파

디자인관련 학과의 경우, 졸업 전 매년 학생들이 현장실습을 나온다. 착한기업 채용약정형 OJT를 통해 입사한 김주현 팀장(디자인연구소)은 학생이 직접 기획, 디자인 하고 회사는 부수 자재를 제공해서 시공 또는 인쇄물을 지원하는 회사의 모습에 무척 끌렸다고 한다.

일명 '주례를 살리리라'는 프로젝트를 4회째 진행하는 것을 보고, 이름 그대로 착하게 기업을 운영하고 있는 것 같은 생각이 들었다고. 디자인을 통해 이미 착한 일을 펼쳐온 ㈜세종디자인! '착한기업'이라는 타이틀을 달고 난 이후에 달라진 점이 무엇이냐는 질문에 김주현 팀장은 클라이언트와의 미팅 때 얘기를 건넨다.

클라이언트와 실제 있었던 일로, "저희 회사가 부산형 착한기업 선정업체입니다"라고 했더니 관계자들이 신뢰도가 급상승된 표정을 보이더라는 것이다. 디자인은 곧 신뢰가 바탕이 된 커뮤니케이션인 만큼 '착한기업' 자체가 또 하나의 경쟁력이 된 셈이다.

여러 가지 시도와 갖가지 장비의 접목, 젊은 디자이너의 영입 등 끊임없는 '흐름'을 이어가고 있는 ㈜세종디자인은 사업 다각화 측면에서 최근에는 서울의 한 유통사의 어린이 게임카드를 기획에서 디자인, 생산까지 하고 있기도 하다.

선광PACK

새로운 기회의 상자! 패키지 시장의 강자!

야식으로 시킨 치킨이나 보쌈 그리고 마트 내 포장 식품 등 주변에서 흔히 접하는 포장
패키지는 브랜드를 돋보이게 하는 전략이자, 소비자와의 얼굴을 대면하는 소통의 도구다.
특히나 다양한 상품이 지속적으로 쏟아져 나오는 식품업계 시장에서 패키지 제작과
디자인의 중요성은 더욱 강조되고 있는 상황이다. 그런 면에서 소비자의 구매욕을 자극하는
아이디어를 반영해 자체적인 기획-생산이 가능한 '선광PACK'은 식품패키지디자인 분야의
트렌드를 이끌어가고 있는 선도기업이기도 하다.

대표	송원섭
설립일	2010년 10월
업종 및 취급품목	패키지 제작, 패키지 디자인
홈페이지	http://선광팩.kr
회사위치	부산광역시 사하구 다대로 148
사원수	15명
비전 및 슬로건	고객의 성공이 우리의 성공
착한기업 협약일	2015년 4월 12일
OJT 약정 채용인원	2016년 2명
주요연혁	2010년 부산 학장동소재 선광팩 설립, 시각 / 포장디자인 전문업체 등록
	2011년 부산 장림동이전 : 전지도무송기계 / 합지기계 도입 / 자체 디자인팀 구성
	2012년 자동 열접착기 기계도입
	2013년 국전 도무송기 도입
	2014년 자동 열접착기 증설 / 신축이전
	2015년 연구개발전담부서 인정서 / 벤처기업인증 등록 산업디자인전문업체 등록 / 동남권디자인업체 등록
	2016년 전지 도무송기 증설 / kodfa 공식 회원사, 직접 생산 확인 증명

시각포장디자인 전문회사 선광PACK은 디자인 기획부터 편집, 상품제작, 감리 등 토탈 솔루션을 제공하는 패키지 제작 전문 기업으로 주목받고 있다. 이름만 대면 알만한 치킨, 피자, 각종 외식 프랜차이즈 관련 식품용 박스와 농·수산물, 고객 맞춤형 지기박스를 개발하며 감각적이고 실용적인 결과물을 공급하고 있다. 특히, 주문자상표부착생산(OEM)이 대부분이었던 포장패키지 분야에 자체적인 디자인팀을 신설해 과감한 변화를 시도한 것부터 업계에서는 신선한 충격으로 받아들여지고 있다.

선광PACK은 이러한 작업 과정을 전개한 결과, 현재 부산·울산·경남권의 프랜차이즈 협회와 협업을 통해 브랜드를 개발하고 디자인 개발 지원업무를 수행하는 등 독보적인 경쟁력으로 시장 파이를 키워가며 기술력을 인정받고 있다. 납품만이 아닌 개발에도 과감한 투자를 펼치며, 제 모습을 만들어가고 있는 선광PACK은 변화무쌍한 포장 업계에서도 트렌드를 선도하는 전문기업으로 손꼽힌다.

외형적 규모가 아닌 사람에 투자

2010년 설립된 선광PACK은 송원섭 대표의 오랜 경험과 도전정신이 깃든 기업이다. 오랜기간 포장패키지 전문 회사에서 영업과 관리를 맡으며, 실물경기의 바로미터인 포장세계의 가능성을 엿보았다는 그는 주문자제작 방식만이 아닌, 직접생산까지 할 수 있는 방안을 고심하게 되었다. 초기에는 최신 기계를 사들여 공장 규모를 늘릴 생각도 했으나, 제조원가 대비 투자비가 부담스러웠다. 차선이 곧 최선이라고 판단한 송 대표는 그간 패키지 생산제조 업계에서는 전무하다시피 했던 디자인팀을 신설, 고급화와 맞춤형디자인으로 전략을 선회하게 되었다. 그 과정에서 우연히 지인으로부터 '부산형 착한기업 육성 프로젝트'에 대해 듣게 되었고 마침, 기술인력을 확충해야 하는 상황에서 양성 지원까지 해준다고 하니 '이보다 좋을 순 없다'는 생각이 들었다고 한다.

외형적 규모보다는 사람에 투자하기로한 선광PACK은 '채용약정을 통해 지난 (2016년) 2명의 기능인력을 채용했다. 덕분에 현장실무 경험이 많은 제조 기술자와 디자인팀이 함께 근무하며 유기적이고 효율적인 시스템이 갖춰지게 되었다'고 송 대표는 말한다. 무엇보다 채용과정에서 좋았던 점은 교육을 통해 이해도가 높은 상황에서 인력이 들어오게 되어 적응도가 높은 것이 큰 장점이며, 철저한 분석을 통한 진단과 전략수립, 계획 수립과 실행, 마케팅까지 체계적인 컨설팅 과정을 통해 기업 브랜딩에 큰 도움을 받았다고 송 대표는 강조했다.

지역 최대의 패키지 디자인 전문기업으로

끊임없이 돌아가는 인쇄기계를 능숙히 다루며 후가공 작업에 몰입해 있던 조영석 씨는 채용약정형을 통해 입사한 기술인이자, 업계 장인이다. 인쇄업계에서 오랜 경험을 쌓아온 그의 전담 업무는 일명 '도무송(톰슨)' 작업! 모양 따내기 가공을 일컫는 작업으로, 전문용어로는 '다이 컷팅(Die Cutting)'이라고도 한다.

최근 인쇄시장이 급속하게 디지털로 전환되고 있는 상황에서 유수의 디지털인쇄 및 후가공 기술이 포장산업에도 적용되고 있다. 하지만, 다이 커팅을 위해서는 일일이 목형을 제작해야 하고 기본적으로 목형 만드는 기술은 오랫동안 숙련된 기술자가 아닌 경우에는 퀄리티에 상당한 문제가 생길 수 있다. 이러한 부분에 전문기술인이 '딱' 맞게 투입되어 회사도 회사지만, 조영석 씨 본인 또한 "무척 신이 난다"고 소감을 전한다.

입사 후 좋기도 하지만 "물량을 보면 경기를 바로 알 수 있는데 최근에는 물량이 줄어든 게 느껴진다"며 걱정어린 마음을 내비친 조영석 씨. 곁에 있던 송 대표는 "패키지는 시대를 이끌어 갈 가장 중심적인 산업"이라며 안심어린 말을 전했다. 이어서 송 대표는 오는 2018년까지 자체 브랜드 디자인 상품을 출시하고, 지기구조를 응용한 식품 패키지에 더해 교육용 교재, 건축 소재로 활용 가능한 상품을 개발할 계획이라며 청사진을 공개하기도 했다.

누군가에게 도움을 주는 '착한기업'의 이미지처럼 '상품의 이미지 전달을 극대화시켜 구매(판매)에 도움을 줄 수 있는 패키지를 만드는 데 최선을 다하겠다'는 송 대표의 말에서 '지역 최대의 패키지 디자인 전문기업'은 그리 머지않은 미래를 보는 듯한 든든함이 느껴진다.

동아기획

아름다운 이들이 꿈꾸는 진정한 상생

손 끝 하나로 원하는 정보를 얻을 수 있는 정보화 시대지만 인쇄는 대한민국의 오랜 역사의
산물이며 문화의 꽃을 피워 낸 자양분이 아닐 수 없다. 부산의 인쇄업계에 디자인과 기획의
영역이 가미된 것은 사실 그리 오래지 않다. 식자에서 매킨토시, 복사기에서 옵셋 인쇄기
도입까지 세월의 변화를 겪어오며, 부산의 디자인기획사 1세대로 30여 년 가까이 업력을
이어온 동아기획. 지속적인 연구개발을 통해 고품질의 디자인기획물을 생산하며 품질고급화에
기여하는 한편 부산의 인쇄문화산업 발전에 기여해 온 동아기획을 찾아가 보았다.

대표	이경희외 1인
설립일	1991년 11월
업종 및 취급품목	시각디자인, 인쇄, 출판, 공간디자인, 축제, 이벤트, 전시, Sign
홈페이지	http://www.dongapr.com
회사위치	부산광역시 사하구 하단2동 492-28번지
사원수	20명
비전 및 슬로건	함께 웃고 함께 꿈꾸는 우리
착한기업 협약일	2015년 6월 19일
OJT 약정 채용인원	2015년 1명
주요연혁	1994년 동아기획 설립
	2000년 동아기획 사옥 매입 및 공장매입
	디자인실 확장 및 기획실 신설
	2008년 한국디자인 진흥원 디자인 전문회사 인증(종합디자인분야)
	2015년 부산형 착한기업 선정
	2016년 장애인표준사업장 동아위드 설립(자매회사)

부산의 디자인기획사 중 원조 격으로 지난 11월 4일, 부산고용대상 장애인고용 부문((재)부산인적자원개발원장상) 특별상을 수상한 동아기획은 장애인표준사업장인 동아위드를 설립하여 장애인과 함께 이웃사랑을 실천하고 있는 인쇄를 기반으로 한 디자인기획사이다.

1991년, 한때 인쇄 복사전문으로 시작했던 동아기획은 당시만 해도 전무했던 인쇄업계에 디자이너를 무려 10명이나 두며 화제가 되었다. 이후 입소문을 타면서 동아기획은 많은 업체가 줄도산을 맞았던 IMF 위기 당시에도 건물을 구입했을 정도로 성장가도를 달렸다.

동아기획은 식자 조판, 청타로 원고작업을 했던 시절 과감하게 정주기기의 전자조판시설을 도입하고 삼보컴퓨터의 워드프로세스 전용기에 이어 시대의 흐름에 따라 매킨토시 컴퓨터로 편집환경을 혁신적으로 바꾸며 최강의 편집 및 기획 디자인팀을 꾸려나갔다. 고객들의 니즈에 부응하기 위해 초대형 실사프린팅, 최고급 옵셋 인쇄, 특수 인쇄, 무선제본 등 최신 후가공 업무까지 원스톱으로 처리할 수 있는 시설을 갖추는 등 시대의 변화에 맞춰 차분히 성장하고 있다.

동아기획과 동아위드의 아름다운 동행

　많은 정보가 데이터로 대체되는 시장상황에서 인쇄물량의 축소 등으로 관련업계는 많은 어려움을 겪고 있는 것이 현실이다. 이경희 대표는 학교 거래처가 많은 동아기획은 학교장터를 통한 최저 입찰로 인해 IMF때보다 2014~2016년이 몇 배는 더 어려웠다고 말한다.

　첨단장비로 점차 진화해가고 있는 인쇄환경에 자금력이 부족한 영세 인쇄소들은 뒤쳐질 수밖에 없는 상황에 문을 닫는 곳도 늘었다. 동아기획 또한 돈의 문제보다는 많은 직원과 또 이어온 일에 대한 소명의식으로 겨우 버텨냈다고 한다. 동아기획의 실질적인 살림을 맡고 있는 이경숙 공동대표는 이러한 상황을 보다 빨리 타결하기 위해 방법을 모색했고, 그러던 중 '부산형 착한기업 육성 프로젝트'를 알게 되었다고 한다. 채용인원에 대한 지원도 좋았지만, 실무에 대한 이해도를 가지고 입사하는 구조가 무엇보다 마음에 들었다는 것이다.

　현재 동아기획은 자매회사인 장애인표준사업장인 동아위드를 설립하여 10명의 하루 4~8시간동안 작업장에서 제본이나 인쇄물을 접는 일에서 포장, 납품 등을 보조하며 근로한다. 모체인 동아기획은 동아위드의 지속 가능성과 경쟁력 있는 일터를 만들기 위해 부산의 대표 기업, 병원 등과 연계고용 계약을 체결한 것은 물론, 장애인 직접 고용에 어려움을 겪는 장애인 고용 부담금 납부 사업체와의 연계 고용을 추진 중이다. 참고로 연계고용부담금감면제도는 장애인을 직접 고용하기 어려운 장애인고용의사업체가 연계고용 대상 사업장(장애인 직업재활시설 또는 장애인표준사업장)에 생산관리 및 생산품 판매를 전담하거나 도급을 준 경우 고용부담금을 최대 50%까지 감면해주는 제도다.

진정한 상생과 성장을 꿈꾸는 회사

사수의 지도하에 열심히 실사작업에 몰두하고 있던 김현석 기사는 채용약정형 OJT를 통해 입사한 신입이다. 동아대학교 윤리학부를 졸업하고 우연히 인쇄업계에 뛰어들었다는 그는 "무척이나 만족하고 있다"고 말한다. 생각지 못한 분야지만 배우면 배울수록 신기하고, 재밌어 고되지 않고 더 배워서 이쪽 분야의 장인이 되고 싶다고 말하는 김현석 기사는 쇠퇴하고 있는 인쇄산업을 끌어올리는 데 힘을 보태고 싶다고 말했다.

지속가능한 틈새 일자리창출을 이뤄가는 착한기업의 의미를 잘 실현해 가고 있는 동아기획. 취준생은 물론이고 경중·중증장애인의 경제적 자립과 사회복지라는 일석이조까지 이뤄가는 걸 보면 회사의 비전을 '함께 웃고 함께 꿈꾸는 우리'로 정한 것이 그저 형식은 아니리라. 이에 대해 이 대표는 "사업 경쟁력을 키워 더 많은 장애인과 취업자들에게 자립기반을 만들어 주고 싶다"고 말했다. 진정한 상생과 성장을 약속하는 이 대표의 이러한 말에서 부산의 인쇄 및 디자인 산업의 미래가 결코 어둡지 않음을 느끼게 한다.

㈜티엠지코리아

기어박스 제조분야의 글로벌 강소기업

㈜티엠지코리아는 작은 회전력을 높은 회전력으로 전환하여 동력을 전달하는 장치인
기어박스를 제작하고 있다. 다양한 산업분야에 사용되고 있는 기어박스는 1980년대
이전까지 전량 해외수입에 의존하여 왔으나, 현재는 ㈜티엠지코리아를 주축으로 한
기업의 연구개발로 100% 국산화에 성공, 수입품 의존도가 크게 줄어든 상황이다.
10여년이 넘는 시간동안 오직 한 우물만, 그러면서도 연구개발 등에 투자를 아끼지 않은
국내 기어박스 제조분야의 선두주자 ㈜티엠지코리아를 소개한다.

대표	김성광
설립일	2006년 7월
업종 및 취급품목	산업용감속기, 기어박스 전문생산
홈페이지	http://www.tmg-korea.com
회사위치	부산광역시 강서구 화전산단2로 99 (화전동)
사원수	40명
비전 및 슬로건	세계 일류의 품질과 서비스를 자랑하는 기어박스 전문제조업체

착한기업 협약일	2015년 6월 26일
OJT 약정 채용인원	2015년 1명, 2016년 1명
주요연혁	2006년 ㈜티엠지코리아 설립
	2008년 ISO 9001:2008 인증 획득 (ABS Quality Evaluations)
	자동밸브용 디클러치 발명특허 등록
	2009년 CLEAN 사업장 선정(고용노동부)
	2011년 듀얼 웜기어 발명특허 등록
	2012년 기업부설연구소 인정(한국산업기술진흥원)
	2012 청년 기업인상 수상
	수출유망 중소기업 지정(부산울산 중소기업청)
	2013년 부품소재 전문기업 인정(지식경제부)
	기술혁신형 중소기업(INNO-BIZ)선정(중소기업청)
	해외인증규격(CE) 인증 획득

㈜티엠지코리아가 생산하는 기어박스(GEAR BOX)는 웜(Worm) & 베벨기어 (Bevel Gear) 및 헬리컬기어(Helical Gear)의 사용으로 작은 회전력을 높은 회전력으로 전환하여 동력을 전달하는 장치다.

특히, 석유 및 천연가스 등 미래에너지 자원을 발굴, 시추 생산하는 자원개발 사 업분야에서 활용되고 있다. 해당제품들은 미주, 독일, 스웨덴, 프랑스, UAE 등 25개국으로 수출되고 있다. 특히 최근에는 ㈜티엠지코리아가 생산하는 기어 박스가 사우디아라비아 담수화 사업 및 원자력 프로젝트 자격을 획득하는 등 성 장이 기대된다.

고용창출을 동반한 기업성장 꿈꿔

김 대표는 이전 직장에서 해외영업 담당자로 일하면서 현지 해외바이어들을 상대하면서 기어박스에 관심을 갖게 되었고, 기존 기업부설연구소를 중심으로 6명의 멤버가 뭉쳐 사업을 시작하게 되었다. 10년이 넘는 업력동안 직원은 40명 규모로 늘었고, 기어박스 개발 생산이라는 한 우물만 파는 데 집중한 온 ㈜티엠지코리아는 그렇게 세계무대를 향해 뛰는 작지만 강한 기업이 되었다.

무엇보다 외주가공에서 자체가공으로 전환을 추진하면서, 자체 브랜드를 개발해 국내 기어박스 시장에 큰 패러다임을 가져왔으며, 이를 통해 관련 기업들의 원가 경쟁력 및 안정적 수익구조를 실현하는데 일조하고 있다.

김 대표는 이윤추구도 중요하지만, 기업은 직원들에게 비전을 전하는 게 사업의 가장 큰 보람이라고 말한다. 그런 측면에서 "부산형 착한기업 육성 프로젝트"는 일자리창출과 인력의 효율화를 동시에 만족시키는 제도였다는게 그의 설명이다.

2015년에 이어 2016년에도 각각 1명 채용약정을 맺으면서 느낀 점은 현장 중심의 맞춤형 인재를 양성하는 데 정말 큰 도움이 되었다는 것이다. 특히 사내 조직원들의 인적 경쟁력이 향상된 것이 가장 큰 가시적 효과다.

'착한기업' 타이틀 신뢰감 주는 프리미엄

착한기업 프로젝트를 통해 입사한 M모 대리는 회사가 연령대별로 협업체계가 잘 갖춰져 있어 즐겁고 재미난 분위기라고 자랑한다. 채용약정형 OJT 중 좋았던 점은 훈련재료비와 운영비를 지원해 취업자의 업무적응도를 높이고 기업의 부담감을 덜어주어 정말 실질적인 도움을 주었다는 것이다. 다만 아쉬움이 있다면, 주변 기업들이나 클럽 활동의 지원 등 네트워크 측면이 좀 더 강화되었으면 좋겠다는 의견을 피력하기도 했다.

수출을 주로 하는 ㈜티엠지코리아의 특성상 바이어들에게 신뢰감을 줄 수 있는 연혁은 제품만큼이나 강력하다. 그런 면에서 '착한기업'이라는 타이틀은 세계 일류의 품질과 서비스에 덧붙여진 작은 타이틀 하나지만, 신뢰감 형성에 무척이나 큰 프리미엄이 된다고 김 대표는 말한다.

2014년 화전산단으로 확장 이전을 한 것을 계기로 제2의 도약을 하고 있는 ㈜티엠지코리아의 김 대표는 향후 2020년까지 꾸준한 고용창출을 바탕으로 해외 거래처 50개국 이상, 직접수출 2천만불, 3년내 연매출 100억원 이상 달성을 목표로 글로벌사업에 역량을 강화해 나가겠다고 밝혔다.

해동엔지니어링

전기 그리고 에너지를 다루는 전문가 집단

국내 전력산업에서 중소·중견기업들이 차지하는 비중은 생각보다 크다.
철도배전반, 해상에 들어가는 배전반, 크레인에 들어가는 선박용 자동제어판넬 등
송배전 시스템, 전력제어장치 등 기술력이 요구되는 필수 설비들을 제작하는
해동엔지니어링은 그 중에서도 우수한 기술력을 자랑하며 경남권 전력시장에서의
입지를 다지고 있다. 특히, 끊임없는 기술개발을 통해 경쟁력을 확보,
기업의 전기파트를 책임지는 파트너로써 신뢰를 쌓아가고 있다.

대표	최준호
설립일	2014년 3월
업종 및 취급품목	배전반, 수전반, 자동제어 제조/엔지니어
홈페이지	http://haedongeng.com
회사위치	부산광역시 강서구 신덕길18번길 11
사원수	10명
비전 및 슬로건	고객만족, 인간존중, 이웃사랑

착한기업 협약일	2015년 9월 21일
OJT 약정 채용인원	2015년 2명
주요연혁	2015년 6월 기술보증기금 벤처기업 인증
	2015년 9월 미래창조과학부 기업 부설연구소 인증
	2015년 12월 수.배전반 설계및개발ISO 9001:2008 인증
	2016년 1월 수.배전반 설계 및 개발ISO 14001:2004 인증
	2016년 3월 안전보건공단 위험성평가 인증, 클린사업장 인증
	2016년 6월 수.배전반 특허 2건 출원중, 해외특허 1건 출원중
	2016년 11월 여성가족부 가족친화기업 인증
	2016년 12월 부산광역시 우수기업 인증, 부산벤처기업인 수상
	2016년 12월 주간인물 1003호 선정 "제조업을 이끌어갈 차세대 모델" 선정
	2017년 1월 여성시대 "2016년 올해를 빛낸 대한민국 대상" 공헌, 봉사 부분 선정

2014년 설립된 해동엔지니어링은 포화상태나 다름없는 전기제조업 분야에서 현대로템, 대양전기공업의 2차 밴드로 실력을 인정받고 있다. 특히, 변전 및 배전용 전력기기와 철도배전반, 해상에 들어가는 배전반, 크레인에 들어가는 선박용 자동제어판넬 등이 주요 생산품목으로 거대전력을 필요로 하는 사업들을 뒷받침하는 탄탄한 기술력을 자랑한다.

최근에는 스마트전력기기 분야의 세계일류 기업 성장을 미래 비전으로 삼고 친환경 전력기기 기술 확보로 전력산업 발전에 기여하고 있으며, 전력IT 기반 차세대 스마트그리드 전력기기 기술 확보, 신재생에너지, 그린에너지 등에도 기술개발을 이어가는 중이다.

사람이 자산인 배전반, 양금택목의 자세로

해동엔지니어링의 생산라인은 무척이나 깔끔하게 정렬되어 있다. 고급화된 시설로 차별화된 고품질의 생산방식을 자랑한다. 최 대표는 "양금택목"이라는 말처럼 좋은 사람이 회사를 키우고 회사는 좋은 인재를 뽑아 회사에 꼭 필요한 사람으로 만드는 과정이라 생각한다. 그러면서 인간존중 중심의 경영을 펼쳐나갈 것이라는 말도 덧붙였다.

"배전반 경력자를 모집한다는 공고를 내도 지원자가 없을 때가 많습니다" 제조의 주요 공정을 경험한 기술자가 그만큼 없다는 얘기이자, 그만큼 힘들고 어렵기 때문이라고 말한다. 실제로 업계 7년 생존율이 20% 내외라고 하니 그만큼 인력을 구하기도 어렵다는 말이다.

배전반 제조 과정에 필요한 인력 수요는 꾸준하지만 공급이 여의치 않아 업체들의 인력부족이 심화되고 있는 상황에 대해 최 대표는 "전문 교육과정 등이 거의 없고, 업체에서 일하면서 터득하는 경우가 대부분이기 때문에 실력과 경험을 갖춘 전문 인력을 외부에서 구하는 게 쉽지 않다"고 설명했다.

그러면서 자신이 예전부터 그래왔듯, 주요 배전반 업체의 경우 고등학교를 갓 졸업한 청년들을 뽑아 기술을 가르치면서 부족한 일손을 메우고 있는 실정이라고 전했다. 젊은 청년들이 잘 오지도 않을뿐더러, 설령 온다고 해도 교육에 필요한 비용부담이 만만치 않은 상황인 것이다.

착한기업 프로젝트는 가뭄의 단비 같아

가공, 조립, 도장 등의 공정을 거쳐야 하는 배전반 제조업 특성상, 직원에게 제대로 일을 가르치려면 최소 2~3년은 걸린다. 그런 측면에서 현장에 특화된 교육을 지원했던 부산형 착한기업 프로젝트는 고용주 입장에서 가뭄의 단비 같았다고 말한다.

스무 살 시절부터 14년간 해당 업무에만 매진해 온 최 대표는 이미 25세 당시, 실력을 인정받아 회사에서 배전반 사업부 최연소 팀장을 맡기도 했던 베테랑이다. 이후 드릴과 니퍼만 들고 구매-설계-품질-납품까지 턴키로 맡아 프리랜서처럼 일을 했지만, 사업에는 보다 체계적인 시스템이 필요했고 그리하여 갖가지 지원제도를 비롯해 '부산형 착한기업 육성 프로젝트'에도 관심을 갖게 되었던 것.

가공, 조립, 도장 등의 공정을 거쳐야 하는 배전반 제조업 특성상, '사람이 미래고 생산'이라는 최대표의 말에서 회사의 비전이 왜 '인간존중'인지 조금은 알 수 있는 대목이다.

에디슨을 가장 존경하는 인물로 꼽은 최 대표는 향후 회사 규모를 키우기 위해 신재생에너지 분야 진출도 꿈꾸고 있다. 인류가 찾아낸 가장 이상적인 에너지인 전기에서 나아가 신재생에너지, 풍력, 태양열, 조력 등 자연을 이용한 에너지분야의 진출을 통해 새로운 도전과 제2의 도약기를 마련하겠다는 각오다.

(주)현백

건강한 브랜드로 서민의 브랜드로

현재 포화상태인 프랜차이즈 외식 브랜드 시장에서, 꾸준히 사랑받고 있는 브랜드가 있다.
서민 음식 중 하나인 족발로 부산에서 탄생한 순수 토종 브랜드, '이시봉 족발·보쌈'이
대표적인 예다. 브랜드의 모체인 (주)현백은 이렇게 문어발식 확장이 아닌 내실 있는
프랜차이즈 운영과 최고의 전문가들이 만들어낸 레시피로 점주들에게는 안정적인 공급을,
고객에게는 질 높은 재료를 통한 건강한 먹을거리로 고객의 건강까지 책임지고 있다.

대표	김경백
설립일	2011년 9월
업종 및 취급품목	외식업, 도축, 임가공
홈페이지	http://cbong.co.kr
회사위치	부산광역시 강서구 강동동 낙동북로 43번길 38- 16
사원수	15명
비전 및 슬로건	질 높은 재료를 통한 건강한 먹을거리
착한기업 협약일	2016년 5월 9일
OJT 약정 채용인원	2016년 3명
주요연혁	2011년 (주)현백 설립
	2016년 부산형 착한기업 선정

㈜현백은 '이시봉 족발·보쌈'과 '문어일번지'라는 브랜드를 통해 꽤 알려진 외식 프랜차이즈 기업으로, '이시봉 족발·보쌈'의 경우 부산 경남, 천안을 중심으로 한 16개, '문어일번지'는 부산, 경남에만 6개의 매장을 관리하고 있다.

포화상태인 외식산업에서 맛의 지속성은 가장 중요한 경쟁력! ㈜현백이 공급하는 '이시봉 족발·보쌈'은 특히 한방 육수를 사용해 족발 특유의 잡내를 잡고 쫄깃한 식감으로 많은 고객들에게 인기를 얻고 있다. 뿐만 아니라 감칠맛 나는 소스는 한번 맛본 사람은 꼭 다시 찾게 될 만큼 맛깔스럽기로 유명하다.

자체 공장에서 만들어 매장에 공급하는 소스는 막장소스, 냉채소스 등 여러 가지가 있다. 소스가 워낙 유명하다 보니 따로 판매를 하게 되었고, 현재 ㈜현백에서 제공하는 소스를 사용하는 족발전문점이 갈수록 늘고 있는 실정이다. 실제로 소스와 갖가지 파생상품의 매출이 전체 규모의 30%를 차지할 정도다.

부산 경남을 대표하는 외식 브랜드로 우뚝

3년만 이어가도 성공이라는 외식 프랜차이즈 업계에서 롱런할 수 있었던 비결은 무엇일까. 김경백 대표는 '기본기에 충실했을 뿐'이라며 겸손해했다. 가장 핵심적 요소이자, 비결로 당일 배송을 꼽은 김 대표에 의하면 변질을 막기 위한 보존료를 따로 사용하지 않고, 당일에 필요한 만큼만 주문할 수 있도록 하여 맛은 물론 건강까지 책임질 수 있었다는 것이다.

2011년 사업 초기만 해도 족발만이 아닌 여러 가지 메뉴를 선보였던 ㈜현백은 성장 정체기를 맞이하면서 과감하게 기존 메뉴를 정리하게 되었다. 그러던 중, 가족이 운영하던 족발가게의 레시피를 전수받게 되면서 족발전문 프랜차이즈로 변신하게 되었다. 직영점으로 운영하던 가게가 입소문을 타면서 커진 브랜드를 위해 김 대표는 더욱 기본기에 충실했다고 한다.

대표적인 사례가 스티로폼 용기의 개선이다. 기존 스티로폼 용기는 건강이나 위생적인 면에서 고객만족도가 떨어졌다. 김 대표는 마진이 2천원이나 낮아짐에도 불구하고, 고객의 건강과 모든 메뉴의 맛을 살리고자 과감하게 친환경적인 '생분해용기'를 도입했다. 이후 족발 프랜차이즈의 포장은 이러한 파격 행보를 따라서 변화했다. ㈜현백의 또 다른 브랜드인 '문어일번지'는 문어요리 전문점으로 국내산 문어만을 공급해 제공할 뿐 아니라 문어 이외에도 활어회 등 다양한 메뉴와 양질의 서비스를 제공해 고객들의 사랑을 받고 있다. 특히 가맹점 개설 전 점주의 수족관 관리 교육을 제일 먼저 하도록 한 뒤 기술을 전수하고, 기본 방역을 필수적으로 실시하기 때문에 위생적으로 우수해 믿고 안심하고 먹을 수 있도록 하고 있어 신뢰를 얻고 있다.

올바른 먹을거리, 믿을 수 있는 '착한' 프랜차이즈

프랜차이즈가 점차 다양화, 전문화 되어 가고 있는 상황에서 고객과 창업자를 동시에 만족시키는 것, 그리고 여러 업체가 평준화되는 시점이다 보니 또 다른 돌파구가 필요했다는 김 대표. 그는 '부산형 착한기업 육성 프로젝트' 중, 가장 도움이 된 부분을 경영컨설팅 지원을 꼽았다. 전문가의 현장 방문으로 경영실태를 진단해 문제점과 개선방향을 도출해 준 것에 대해 "회사를 객관적으로 진단하고, 향후 경영 방향에 대해 큰 도움이 되었다"며, 감사의 말을 전했다.

한편, 2016년 4월 착한기업 OJT 약정을 통해 입사한 이들 중, 김태형 사원은 족발을 포장하는 업무를 맡고 있다. 족발 가공에서 포장까지 원스톱으로 진행하는 시스템 속에 자신의 업무가 최종 프로세스인 만큼 최선을 다하고 있다는 김태형 사원. 최근 먹을거리 위생과 품질에 대해 소비자들도 관심도가 높아진 만큼 위생에 심혈을 기울이고 있다는 그는 외형적인 성장보다는 내실을 다지며 기본에 충실한 회사 시스템이 마음에 든다고 말한다.

2016년 11월부터는 육가공을 통해 부분육 납품을 진행하고 있는 ㈜현백은 최근 까다로운 서류 및 현장실사를 통과해야 하는 HACCP(위해요소중점관리) 인증을 준비중이기도 하다. 위생과 신뢰를 위한 과감한 투자이다.

올바른 먹을거리와 믿을 수 있는 프랜차이즈 사업에 앞장서겠다는 김경백 대표. 부산의 브랜드, 나아가 한국의 브랜드를 기회가 되면 향후 중국시장에 알릴 수 있었으면 좋겠다는 말로 그는 ㈜현백의 청사진을 대신했다.

부산형
착한기업 모델의
확산과 과제

　지금까지 우리는 2012년부터 2016년까지 '부산형 착한기업 육성 사업'의 전사(前史)와 개념, 주요 특징과 성과, 착한기업 대상 설문조사 분석 등을 통해 지난 5년간의 발자취를 더듬어 보았다. 사업초기에는 단지 고용노동부의 지역맞춤형 일자리창출지원사업의 일환으로 출발하였지만 해가 거듭될수록 지역 일자리창출의 새로운 모델로서의 가능성을 보여주고 있다. 아직도 진행 중인 사업이기에 여전히 부족한 측면이 많이 있지만 앞으로 몇 년간 꾸준히 보완하고 확산을 위해 노력한다면 '부산형 착한기업 육성 모델'을 넘어서 '한국형 착한기업 육성 모델'로도 진화할 수 있을 것으로 기대하고 있다. 이하에서는 향후 부산형 착한기업 육성사업이 '부산형 착한기업 육성 모델'로 정형화되고 나아가 이 모델의 전국적 확산을 통해 '한국형 착한기업 육성 모델'로 진화하기 위한 선결과제에 대해 간략하게 언급함으로써 맺음말에 갈음한다.

1. '부산형 착한기업 육성 모델' 구축을 위한 선결 과제

1) 지속가능한 착한기업 선순환 체계 구축을 위한 '착한기업 클럽' 운영

전술하였듯이 부산형 착한기업 육성사업의 핵심 내용은 기존의 기업수요에 대한 직업훈련기관을 통한 간접적인 지원방식이라는 틀을 깨고 지속가능한 고용을 위해 직접적으로 채용약정형 OJT 훈련 및 창업 지원을 한다는 것이다. 그러나 돌이켜보면 우리로서는 지난 5년간 250여개 이상의 기업을 '부산형 착한기업'으로 선정하고 사업기간 동안 관리하는 것만으로도 매우 벅찬 일이었다.

사실 2012년과 2013년은 선정된 기업이 각 30여개에 불과하고, 전국에서 처음으로 시도되는 사업이었기 때문에 제도적인 시행착오도 많아서 사후적 관리를 위한 착한기업 간 네트워크 구축에 신경 쓸 여유가 없었다. 2014년부터 부산형 착한기업 육성사업의 기반이 구축되었고 의미 있는 성과와 함께 세간의 주목을 받는 사업으로 인식되었다. 이때부터 우리는 부산형 착한기업 육성사업의 지속가능한 선순환 체계를 구축하기 위해 선정된 착한기업들 간의 긴밀한 네트워크 구축이 무엇보다 중요함을 인식하게 되었다.

그리하여 2014년 중반부터 우리는 선정된 착한기업들에 대한 네트워크 구축을 위한 정기적인 모임을 통해 착한기업 스스로의 필요에 의한 자발적인 모임 단체인 '착한기업 클럽'을 운영할 것을 제안하였다. 그러나 아직 기업운영과 자립에 급급한 착한기업이 대부분이었고 '착한기업 클럽'의 필요성에는 어느 정도 공감하지만 발 벗고 나서려고 하는 기업 CEO는 한 두 명에 불과하였다.

그러나 부산형 착한기업 육성사업이 지속가능한 선순환 체계를 구축하는 이른바 '부산형 착한기업 육성 모델'로 발전하기 위해서는 선정된 착한기업들 간의 자발적인 네트워크 조직이 필수적으로 요구되었다. 그래서 우리는 2015는 8월 26일에 약 60여명의 착한기업 CEO를 초청하여 '착한기업 클럽 창립관련 토론회'를 개최하였다. 이 때에도 참석자들의 반응은 상당히 소극적이었으나 우여곡절 끝에 일단 2015년 내에 '착한기업 클럽'을 창립하여 운영하는데 원칙적인 동의를 하였다. 이 때 착한기업 클럽을 창립하고 운영하려는 취지는 다음과 같이 논의되었다.

첫째, 부산형 착한기업 클럽은 순수하게 부산형 착한기업으로 선정된 기업들 간의 네트워크 구축을 위한 자발적인 모임이다. 둘째, 착한기업 클럽의 자발적이고 자립적인 운영을 위해 회원가입 신청을 한 회원의 경우 최소한의 회비를 부담한다. 셋째, 착한기업 클럽이 지속적으로 운영되기 위해서는 무엇보다 개개 회원이 자발적으로 회비를 납부할 정도로 유익한 정보와 기업에 이득이 되는 프로그램을 개발하여 운영하는 것이 필요하다. 넷째, 부산형 착한기업으로 선정된 동질적인 집단이기 때문에 기업경영이 정상궤도에 진입하게 되면 합심하여 지역사회의 발전에도 공헌할 뿐만 아니라 부산의 새로운 착한기업문화와 착한고용문화 창출에도 앞장서자.

이후 두 세 차례의 준비모임을 거쳐 마침내 2015년 11월 6일에 부산의 송상현 광장에서 착한기업 클럽 창립대회가 개최되었고, 회장단을 포함하는 임원진도 선출되었다. 이후 일상적인 소통을 위해 착한기업 클럽 회원들 간의 온라인 밴드를 오픈하였고, 2개월 마다 정기적인 클럽 미팅 행사와 기업운영에 도움이 되는 세무사, 변리사, 노무사, 법무사 등 전문가 대상 자문위원 위촉, 우수 착한기업 사례 발표 등의 행사를 추진하고 있다.

이제 착한기업 클럽이 창립된지 1년이 지났다. 나름대로 일정한 성과도 있었지만 아직까지 착한기업 클럽이 온전하게 자립화되기까지는 몇 년의 시간이 더 필요할 것으로 판단된다. 이를 위해 무엇보다 착한기업 클럽 회원수 증대가 필요하다. 2015년 이후에 선정된 착한기업의 경우 대부분 착한기업 클럽 가입에 동의하고 있으나, 그 이전의 선정 업체에 대해 가입을 권유하는 것이 그다지 쉽지 않기 때문이다. 또한 착한기업 클럽에 가입한 기업이 적극적으로 참여할 수 있도록 회원기업에 제공할 수 있는 유익한 정보와 색다른 프로그램의 개발이 절실하다.

'착한기업 클럽'의 자립화와 지속적인 운영은 부산형 착한기업 모델의 성공적인 구축에 결정적으로 중요하다. 그러므로 우리는 향후 부산형 착한기업 육성사업을 추진하면서 '착한기업 클럽'의 운영이 원만하게 이루어지도록 다양한 지원을 아끼지 않을 것이다.

<그림 5-1> 부산형 착한기업 클럽 행사

착한기업 인증패 전달식

착한기업 클럽 밴드

착한기업 클럽 창립식

착한기업 토론회

착한기업 클럽 준비위

2) '착한기업 클럽' 운영을 통한 부산지역 기업고용문화 혁신 유도

　지속가능한 '착한기업 클럽'의 운영은 부산형 착한기업 육성 모델 구축의 필수적인 요소이다. 그러나 우리는 부산형 착한기업 육성사업이 착한기업 클럽을 매개로 하여 부산형 착한기업 육성 모델 구축의 내용적 측면까지 한걸음 더 나아갈 수 있기를 바란다. 즉, 착한기업 클럽이 부산의 기업문화와 고용문화를 혁신하고 선도하는 주체로 성장하길 바라고 있다.

　지역의 일자리창출을 위해서는 지역경제와 지역 기업의 성장이 필수적이다. 그러나 언제나 지역경기가 좋을 수만은 없기 때문에 경기침체기에 지역의 지속가능한 고용의 문제는 지역 기업문화와 고용문화가 어떠한가가 매우 중요하다. 우리는 지역의 기업문화 혁신이 대기업 보다는 소기업에서 보다 용이하게 이루어질 수 있다고 생각한다. 다만 소기업이 흩어져 있을 경우에는 기업문화의 혁신이 거의 불가능하지만 착한기업 클럽과 같이 창립취지를 분명히 하는 몇 백 개의 기업이 함께 노력한다면 충분히 가능할 것이다.

　지역의 기업문화와 고용문화의 혁신은 갑자기 제도 자체를 확 바꾸려는 거창한 것이 아니다. 예를 들면 착한기업 클럽 회원사 만이라도 "종업원에게 존대말 하기", "가능한 회원사끼리 함께 워크숍이나 연수회 가기", "매년 착한기업 CEO상, 착한기업 근로자상을 선정하여 우수사례 확산하기" 등을 들 수 있다. 이와 같이 실천가능한 일들을 해마다 제안하고 연말에 성과를 피드백 함으로써 서서히 부산의 기업문화와 고용문화를 바꾸어 가자는 것이다. 이러한 취지에 동참하는 기업이 늘어날수록 착한기업 정신에 기초한 부산형 착한기업문화와 착한고용문화가 더욱 확산 될 수 있을 것이다.

2. '한국형 착한기업 육성 모델' 구축을 위한 선결 과제

1) '부산형 착한기업 육성 모델'의 전국적 확산

정부가 수행하는 정책사업 가운데 탁상공론에 의한 사업을 추진하여 예산만 낭비하는 사례를 찾기는 어렵지 않다. 적어도 전국적으로 사업을 시행하기 위해서는 특정지역이나 부문에 시범사업을 추진해 보고 성과를 검증한 연후에 추진하는 것이 바람직하다. 그러나 정책결정자들은 대부분 자신의 재임기간에 가시적인 성과를 보여주기 위해 시범사업을 생략해 버리거나 하더라도 한 두 해 정도 형식적으로 수행해 보고 큰 하자가 없으면 확산시켜 버리는 경우가 허다하다.

이에 반해 부산형 착한기업 육성사업은 지난 5년간 부산지역을 대상으로 다양한 시행착오를 겪으면서 타 지역에서도 벤치마킹이 가능하도록 매뉴얼화 하여 나름 성공적인 시범사업으로 평가받고 있다. 이러한 피드백 효과는 이미 제 4장의 설문조사 결과에서도 확인하였듯이 응답기업의 94%가 부산형 착한기업 육성사업의 전국적 확산의 필요성에 공감하고 있다. 이제 한 두해만 더 수행하면 착한기업 클럽의 원활한 운영을 통해 부산형 착한기업 육성 모델의 구축도 가능할 것으로 기대된다.

앞으로 고용노동부의 의지만 있다면 현 단계의 부산형 착한기업 육성사업의 성과를 토대로 지역맞춤형 일자리창출지원사업의 '특별사업'으로 사업비를 배정하여 부산 이외의 타 지역에도 '착한기업 육성사업' 공모를 통해 확산시키는 것은 얼마든지 가능하다. 왜냐하면 부산 이외의 지역에도 20인 이하 영세 소기업은 압도적 비중을 차지하고 있고, 그들 가운데 채용약정형 OJT 지원이나 생활기술형 창업지원을 받고 싶어하는 기업이 무수히 존재할 것이기 때문이다. 우리는 타 지역에서 부산형 착한기업 육성사업에 대한 벤치마킹이나 매뉴얼을 원한다면 아낌없이 제공하려고 한다.

물론 매뉴얼이 있다고 해서 모든 지역이 다 성공할 수 있다는 것은 아니다. 아무리 상세한 매뉴얼이 있어도 사업 수행자들의 눈에 보이지 않는 노하우(암묵지)와 사업책임자의 열정이 함께하지 않는다면 실패할 가능성이 높다. 그러나 우리가 만든 매뉴얼은 타 지역 사업수행자들의 의지만 분명하다면 부산형 착한기업 육성 사업 수행자들이 여기까지 오는데 5년이나 걸린 시간을 2~3년으로 단축시키는데 결정적으로 기여할 것이다.

부산형 착한기업 육성사업의 전국화 역시 우리는 단계적으로 진화되길 바란다. 처음에는 희망하는 3~4개 정도의 타 지역을 선정한 후, 부산형 착한기업 육성사업단과 연계하여 1단계 확산을 시도하고 한 두 해 정도의 시차를 두고 점차 전국적으로 확산하는 방식이 바람직할 것이다.

2) '한국형 착한기업 육성 모델'의 구축을 위하여

우리는 가능하다면 본 사업이 '부산형 착한기업 육성 모델'을 모태로하여 '한국형 착한기업 육성 모델'로까지 발전시킴으로써 전 세계적으로 새로운 일자리창출 지원 방식으로 벤치마킹 대상이 되기를 바란다. 그러기 위해서는 적어도 다음과 같은 몇 가지 선결과제의 해결이 필요하다.

첫째, 말할 필요도 없이 현 단계 부산형 착한기업 육성사업의 전국적 확산은 물론 본 사업을 전국적으로 추진하기 위한 추진주체를 명확히 하는 것이 필요하다. 현재는 고용노동부의 지역맞춤형 일자리창출 지원사업의 하나에 불과하지만 적어도 전국적으로 확산을 위해서는 각 지역별로 민간위탁기관으로 하여금 '(가칭) 착한기업 육성 센터'를 오픈하고 이들 센터 간 네트워크 구축이 필요하다.

둘째, 본 사업이 '한국형 착한기업 육성 모델'로 발전하기 위해서는 '(가칭)착한 기업 육성 센터'가 상설센터로 전환될 필요가 있다. 현재 부산형 착한기업 육성사업은 2015년에 지역일자리 경진대회에서 대상을 수상하였기 때문에 2017년까지 계속사업으로 인정을 받고 있으나 그 이후 어떻게 될지 아무도 예측할 수 없다.

셋째, 적어도 이 사업이 전국적인 사업으로 확산되기 위해서는 매년 변동적인 사업비 할당이 아니라 전국적인 착한기업 육성 사업을 위해 매년 고정사업비가 할당될 필요가 있다. 예를 들어 고용노동부의 2017년도 일자리 창출 예산이 17조 5천억원이고 그 가운데 청년일자리 예산이 2조 7천억원이다. 그리고 부산형 착한기업 육성사업과 직접적인 관련이 있는 고용노동부의 지역맞춤형 일자리 창출지원 사업비는 약 1,300억원이다. 이 가운데 예를 들어 매년 200억원만 고정적으로 할당하여 '한국형 착한기업 육성 모델'을 구축하는데 사용한다면 어떤 효과를 기대할 수 있을까? 현재 부산형 착한기업 육성사업의 사업비 구성을 응용하여 개략적으로 계산해 보면 다음과 같다.

우선 부산형 착한기업 육성사업에서는 전체 사업비 가운데 약 20%가 운영비 및 인건비, 30%가 생활기술형 창업지원비, 50%가 채용약정형 OJT 지원비로 사용되고 있다. 창업지원비의 경우 평균 1개 기업당 약 2,000만원(기업당 창업자 포함 최소고용 3명)이고, 채용약정형 OJT의 경우 1명 근로자 채용약정당 약 250만원의 지원(최소 1년이상 정규직 고용)이 이루어지고 있다. 매년 200억원의 사업비가 한국형 착한기업 육성사업에 투입된다고 가정하면 운영비 약 40억원, 생활기술형 창업지원비 60억원, 채용약정형 OJT 훈련지원비 100억원이 사용된다. 그 결과 예상되는 일자리창출 효과는 300개 생활기술형 창업 기업에 최소 900명 이상 일자리 창출과 채용약정형 OJT 지원을 통해 약 4,000명의 1년

이상 지속가능한 정규직 고용효과를 창출할 수 있다.

200억원이라는 사업비가 결코 적은 금액이 아니지만 2017년도 일자리창출 예산 17조 5,000억원에서 차지하는 비중은 거의 무시해도 좋을 정도로 매우 낮다. 그 200억원으로 착한기업 육성사업을 추진하여 300여개의 창업과 약 5,000여명의 지속가능한 정규직 일자리를 창출 할 수 있다면 결코 예산낭비가 아니라 가장 효율적인 예산집행의 사례 가운데 하나가 될 것이다. 우리가 이렇게 자신있게 주장할 수 있는 것은 모두 지난 5년간 부산형 착한기업 육성사업의 다양한 경험 덕분이다.

마지막으로 본 사업이 '한국형 착한기업 육성사업 모델'로 발전하기 위해서는 고용노동부 뿐만 아니라 착한기업 육성사업의 수행과 관련이 있는 유관기관 및 전문가 컨설팅 집단과의 유기적인 시스템 구축이 필요하다. 대표적인 유관기관으로는 중소기업청, 중소기업진흥공단, 기술보증기금, 신용보증기금, 소상공인지원센터, 사회적기업지원센터 등을 들 수 있고, 전문가 컨설팅 집단 구성을 위해서는 각 지역의 고용전문가, 창업컨설턴트, 세무사, 회계사, 변호사, 변리사, 경영지도사, 노무사, 법무사 등이 골고루 포함될 필요가 있다. 각 지역별로 이러한 인적 및 기관간의 네트워크 구축이 얼마나 효율적으로 구성되는가와 '(가칭)착한기업 육성 센터'의 책임자 및 실무진의 열정과 노하우가 어느 정도인가가 사업의 성패를 좌우한다고 해도 과언이 아닐 것이다. 이제 지난 5년 간 우리의 작은 땀방울과 사업성과를 기록한 이 책이 조만간 '한국형 착한기업 육성 모델'의 구축에 기여할 수 있기를 바라며 이 글을 갈무리한다.

참고문헌

· 가네코 이쿠요 엮음, 김정복 옮김(2010), 『커뮤니티 비즈니스의 시대』, 이매진
· 권우현(2016), 「부산지역 일자리창출 및 소멸 분석」, 『부산지역 일자리의 역동성 및
    확충방안 연구』, 부산광역시·부산지역인적자원개발위원회·경성대학교
    산업개발연구소
· 고석찬(2009), 「지역 산업구조의 다변화가 실업과 고용불안정에 미친 영향」,
    『한국지역개발학회지』, 21(3), 337-366.
· 고용노동부, 지역고용네트워크 www.reis.or.kr
· 고용노동부·부산광역시·부산인적자원개발원·부산고용포럼(2016), 『부산형 착한기업
    소개자료』
· 김종한(2015), 「부산형 착한기업 프로젝트의 성과 및 확산 방안」(Achievement and
    Diffusion Method of Busan-type Good Company Project), KEIS in
    ternational Workshop : Sharing Knowledge and Experience of Good
    Practice in Local Employment Programs, Korea Employment Informa
    tion Service, pp. 94-122
· 김종한·류장수·박성익·이근호(2016. 12), 『부산형 착한기업 육성 및 일자리 창출
    프로젝트 사례집』, 고용노동부·부산광역시·부산고용포럼
· 김종한·이근호(2011), 『고용과 복지, 함께 만드는 세상』, 동아TG
· 김준영(2011), 「부산지역 일자리창출과 소멸의 규모와 특징: 고용보험DB를 이용한
    분석」, 한국고용정보원
· 김준영(2013), 「부산지역 구군별 일자리 창출과 소멸의 구조와 특징: 고용보험 DB를
    이용한 분석」, 『산업혁신연구』, 제29권 제3호.

· 김준영(2015), 「지역노동시장권의 일자리 창출과 소멸 분석」, 『지역사회연구』,
　　　제23권 제3호
· 류장수, 전현중, 김종한, 박성익(2008), 『부산지역 고용정책 기본계획수립 지원 및
　　　고용·인적자원개발사업 평가에 관한 연구』, 부산지방노동청
· 류장수, 박성익, 김종한 외(2014), 『부산지역의 직능개발 종합계획 시범 연구』,
　　　한국직업능력개발원
· 박성익 외(2013), 『부산지역 일자리 창출 및 고용지원사업 실태분석』, 부산광역시
· 부산광역시(2010), 「부산광역시 사업체실태조사 DB」
· 부산광역시(2011), 「2011년 부산광역시 일자리창출 추진계획」
· 부산광역시(2011), 「부산형 착한기업 육성지원 프로젝트」
· 부산광역시(2011), 「사회적기업 현황」
· 부산광역시(2014), 「부산광역시 민선 6기 일자리 대책 종합계획」
· 부산광역시(2016), 「부산일자리 창출 종합계획」
· 부산광역시(2016), 「부산 창업현황」
· 부산광역시(2016), 「부산통계 종합발전 계획」
· 부산광역시(2016), 「부산고용전략회의: 부산 일자리 아젠다 10 실행을 위한 중점과제」
· 부산광역시(2016), 「부산일자리 창출 종합계획」
· 부산인적자원개발원, 부산지역고용파트너십포럼(2008), 『부산광역시 고용촉진지구
　　　시범운영사업 계획서』, 부산인적자원개발원
· 부산인적자원개발원, 부산지역고용파트너십포럼(2009), 『부산광역시 고용촉진지구
　　　시범운영사업 1차년도 자체평가 보고서』, 부산인적자원개발원
· 부산인적자원개발원, 부산지역고용파트너십포럼(2010), 『부산광역시 고용촉진지구
　　　시범운영사업 3차년도 자체평가 보고서』, 부산인적자원개발원
· 부산인적자원개발원, 부산지역고용파트너십포럼(2010), 『부산광역시 고용촉진지구
　　　시범운영사업 2차년도 자체평가 보고서』, 부산인적자원개발원
· 부산인적자원개발원, 부산지역고용파트너십포럼(2010), 『부산광역시 고용촉진지구
　　　시범운영사업 계획서(2차년도)』, 부산인적자원개발원
· 부산인적자원개발원, 부산지역고용파트너십포럼(2011), 『부산광역시 고용촉진지구
　　　시범운영사업 계획서(3차년도)』, 부산인적자원개발원

· 부산인적자원개발원(2016), 「3/4분기 고용동향」
· 부산일보(2011.4.28), 옛 기술 살리고— 지역기업 키우고--
· 서옥순, 김도관, 김종한 외(2011), 『부산고용전략 2020』, 부산발전연구원
· 서울신문(2011.6.24), 지역일자리 우리 힘으로: 부산 '사회적' 주식회사 '갑피두레'
· 신현구, 권용범(2015), 『장년고용대책 고용영향평가 현장점검 보고서』,한국노동연구원
· 양준호(2011), 『지역과 세상을 바꾸는 사회적 기업 』, 두남
· 윤윤규 외(2012), 『한국의 지역노동시장권 2010 – 방법론, 설정 및 평가-』,
　　　　한국노동연구원
· 윤윤규, 이상호, 류장수, 박성익, 조장식, 옥성수, 서옥순(2013), 『부산지역 노동시장
　　　　분석 및 고용정책방안 연구』, 한국노동연구원
· 통계청(2016), Kosis
· 호소우치 노부타가 엮음, 김정일 옮김(2008), 『우리 모두 주인공인 커뮤니티
　　　　비즈니스』, 이매진
· 호소우치 노부타가 편저, 박혜연, 이상현 옮김(2007), 『지역사회를 건강하게 만드는
　　　　커뮤니티 비즈니스』, 아르케

새로운 지역 틈새일자리 프로젝트
부산형 착한기업 2012~2016

—

06

부표

부산형 착한기업 클럽 리스트 및 기업 현황 소개*

1. 부산형 착한기업 클럽 리스트

1) 창업기업 리스트

2016년	
업체명	업종·주요제품명
피플로직스틱스코리아(주)	국제물류주선업
(주)더 펜트	광고 대행업
(주)해동테크	해상판넬
(주)워터랩	건축발수제생산
(주)다정패션	작업의류생산
(주)다연코리아	유전자검사, 식품연구
(주)더나렙	샴푸 및 화장품생산
(주)디자인제이어스	인쇄광고업
(주)아레나	전산장비 유지보수
(주)와이엠텍	이동식화장실 제조
(주)사람들의 어부	어류포장지 개발
사랑마중	서비스업(꽃, 커피 도·소매)
발란스투어	관광여행업

* 이 부표는 고용노동부·부산광역시·부산인적자원개발원·부산고용포럼(2016. 7), 「부산형 착한기업 소개
자료」에서 착한기업 클럽에 가입한 기업을 발췌하고, 2016년 12월 말까지 추가된 기업현황을 보완하였다.

2015년	
업체명	업종·주요제품명
㈜캠핑바이크	바이크 트레일러
㈜끄레블	완구용 블럭
㈜KEVIN	남·녀 구두 디자인 및 개발
㈜참텍	자동차부품
㈜대연목형	목형 및 금형틀 제작
㈜황금어장	낚시용품 디자인 및 생산
㈜보고티엔씨	가방인쇄업
㈜엘에스테크	기계부품
㈜디케이인더스트리얼	건축시공
㈜에이피글로벌	국제물류주선업
2014년	
㈜스윗츠팩토리	커피가공 및 빵생산
엑스스포츠㈜	캠핑용품 생산, 루프
아트메이즈디자인㈜	디자인 개발
도투락㈜	빵 및 과자류 생산
도울레	건강보조식품 제조
2013년	
㈜지스타	골프용품 개발
에코피싱	낚시추 생산
캠리	코발트관련 화학물질 생산
더퍼스트랩㈜	기록매체 복제업
2012년	
㈜휴먼컴퓨터	홈페이지 제작
위베이스 주식회사	부동산관련 소프트웨어 개발

2) 채용약정형 OJT기업 리스트

2016년	
업체명	**업종·주요제품명**
강진정밀	기계금속 가공
㈜엠알씨기획	IT 컨텐츠 제작/서비스
㈜오런	장갑 제조
㈜푸드웰스	식품 가공/유통
㈜다나이엔지	자동차 부품 제조
안성호이스트	호이스트 제조
링크마인드	IT 컨텐츠 제작/서비스
국제정공	기계금속 가공
키스톤테크	태양열관련 프레임 가공
몬스터웍스	IT 컨텐츠 제작/서비스
㈜현백	육류가공
세창테크	기계금속 가공
엠제이테크	기계금속 가공
근영해운항공㈜	국제물류 서비스
㈜알알코퍼레이션	IT 컨텐츠 제작/서비스
㈜라인기술	광고디자인
SH TECH	건축 폐기물 운반
와이파이㈜	조선기자재 제조
성일자동차정비	자동차 경정비
㈜마이스플랜즈	IT 컨텐츠 제작/서비스
정익정밀	기계금속 가공
서경켐텍	합성고무 주형
삼성기계공업사	목욕탕 기계 제조
한백정공	기계금속 가공
고려일진㈜	자동차 부품 제조
㈜미광E.N.G	중장비 조선 유압 배관 생산
명진테크	전기아연도금 표면처리

2016년	
업체명	업종·주요제품명
명진금속	전기아연도금 표면처리
DH테크	기계금속 가공
㈜트루스	조선 기자재 제조
진양산업	에어컨 부품 제조
스마트창호	창호 샷시 제조
우일테크	기계금속 가공
프로테크	전기판넬, 전계장품목 조립 생산
신성정밀공업㈜	드럼통 및 식용류통 제작
아나브	천연비누, 염색제품 제조
㈜지패션코리아	신발 제조
고투트래블	여행관련 앱 개발
㈜피노	IT 컨텐츠 제작/서비스
㈜갓차	자동차 세차 관련 앱 개발/서비스
㈜하울솔루션	IT 컨텐츠 제작/서비스
㈜부산삼차원연구소	3D프린팅 관련 제조
㈜중앙로지스	화물 운송 서비스
㈜화인페이퍼	용지 관련 유통
꼬꼬잠	영유아 의류 제조
리안팩토리	3D프린팅 관련 제조
2015년	
㈜디자인엑스투	산업디자인
㈜이노텍코리아	토목계측 / 연약지반처리 / 안전진단
성미테크	전기기기 제조
산타데이	명함 / 쿠폰문자 발송 서비스
㈜아르제니스디자인	실내인테리어
㈜키스톤에너지	태양광인버터, 접속반 제조
예현방가	떡, 한과 생산

2015년	
업체명	업종·주요제품명
블레싱베이비즈	강아지의류 제조
해와나무교육	한자교재, 교육프로그램 개발
㈜마스포유	의료기기 제작
미션1	1인칭 전래동화
넥스트	웨어러블 기기 개발
㈜미래레저산업	캠핑용품 및 텐트 제조
여해시스템	전기전자 부품 개발
㈜우림엘앤에이	LED광고 맞춤제작 제조업체
㈜브이엠에스	기계 진단 설비
재팬하비	취미 상품 무역
대성복층유리	유리 가공 제조
(사)케이엔엔글로벌 미래교육원	교육 서비스
수제과일청 담아요	수제 과일청 제조
덕진	신발 밑창 생산
아주정공	제철 설비 제조
㈜핑크투어	태교 여행 관광 서비스
솔트로닉	비철합금 제조
㈜금산이엔지	반도체 부품 생산
㈜뉴인엠케이	음료, 의류 제조 판매
더웹	홈페이지 제작, 마케팅
㈜아미글로벌	의료기기 제조
더웰	교육 소프트웨어 개발
㈜마이스테이션	마이스산업, 컨벤션 기획
플레져코리아	자전거 의류 제작
태산아크릴	CNC, 플라스틱 가공
㈜부일엘엔에프	기계설치 및 조립
숲아이	아동 아웃도어 의류
광성정공	자동차부품 제조

2015년	
업체명	업종·주요제품명
스마트에어	공기압축기 관련 전자제품
해동엔지니어링	수,배전반 관련 가공
㈜핑크로더	문화컨텐츠
㈜다빈	커피 생원두 로스팅
㈜오케이티앤티	선박엔진 부착 베어링 장비
한창 M&T	버스 프레임 용접
태산산업	자동차 에어백 조립
뉴인이엔티	의류 제작
금보산업	수출용 버스 프레임 용접
㈜선진종합	선박 엔진 수리
한솔테크	자동차 에어백 조립
㈜씨웰	수산물 식품 관련
(사)해양산업연구원	해양산업 연구
㈜지이엠	고속 엘리먼트 개발
2014년	
㈜스킨슈즈코리아	스킨슈즈 제조 생산
에코랜드	조경제품 제조 생산
예빈종합인쇄	특수인쇄 제조
핀트미디어	온라인 마케팅
해피워리	시스템 소프트웨어 개발
앤츠빌리지	홈페이지 제작, 온라인 광고대행 바이럴
건축사무소 가감승제	건축설계 및 자문
㈜세종디자인	디지털실사출력
㈜소정건설	시설물 유지관리 개보수 등 건설전문
나노스틸	조선기자재 배선반 제작

2013년	
업체명	업종·주요제품명
캠리	산화코발트 취급
㈜우진문화	특수인쇄 제조
㈜벤디츠	모바일 비즈니스 플랫폼
㈜젠픽스	천장시공재 제작
위너스피티	프레젠테이션 제작
폴	IT소프트 및 EPR서비스 제공
로고스아이티㈜	자바프로그램 관련 개발
내쇼날시스템㈜	용접기기 제조
2012년	
박신영의 나전칠기	나전칠기 제작
㈜위비즈	드라이 아이스 판매 기기 제조
웰니스팜	농사눔 가공식품 연구, 개발 유통

1) 창업기업

– 2016년

피플로지스틱스코리아㈜

설립형태	법인		
설립일자	2016년 5월 2일		
대표전화	051-664-6100	상시종업원	5명
팩스	051-664-6105	홈페이지	http://people2016.net
착한기업 참여일	2016년 4월 28일	주요제품명	국제물류주선업
주소	부산광역시 해운대구 센텀서로 30, 1101호		
기타사항			

㈜더 펜트

설립형태	법인		
설립일자	2016년 4월 5일		
대표전화	010-3448-6366	상시종업원	4명
팩스		홈페이지	
착한기업 참여일	2016년 5월 17일	주요제품명	광고대행업, 행사진행업
주소	부산광역시 해운대구 해운대해변로 257. 1601호		
기타사항			

㈜해동테크

설립형태	법인		
설립일자	2016년 7월 1일		
대표전화	051-717-2647	상시종업원	4명
팩스	051-717-2648	홈페이지	
착한기업 참여일	2016년 7월 21일	주요제품명	해상전기판넬
주소	부산광역시 강서구 유통단지1로41, 125동 208호		
기타사항	2017.4월경 강서구 공단지역으로 이전예정		

㈜워터랩

설립형태	법인		
설립일자	2016년 6월 20일		
대표전화	010-4665-7933	상시종업원	4명
팩스		홈페이지	
착한기업 참여일	2016년 6월 23일	주요제품명	건축발수제 생산
주소	부산광역시 연제구 월드컵대로 160, 5층 535호		
기타사항			

㈜다정패션

설립형태	법인		
설립일자	2016년 5월 10일		
대표전화	010-8807-0801	상시종업원	4명
팩스		홈페이지	
착한기업 참여일	2016년 6월 10일	주요제품명	체육복, 정장 및 작업 의류
주소	부산광역시 해운대구 센텀동로 57, 3층 인큐베이팅센터5호		
기타사항			

㈜다연코리아

설립형태	법인		
설립일자	2016년 7월 6일		
대표전화	010-2026-3385	상시종업원	·4명
팩스		홈페이지	
착한기업 참여일	2016년 7월 14일	주요제품명	유전자검사, 식품연구
주소	부산광역시 남구 신선로 365, 302호		
기타사항			

㈜더나렙

설립형태	법인		
설립일자	2016년 10월 12일		
대표전화	010-2464-3385	상시종업원	4명
팩스		홈페이지	
착한기업 참여일	2016년 10월 21일	주요제품명	샴푸 및 화장품
주소	부산광역시 강서구 평강로434번길		
기타사항	2017.03.12. 부산대학교 산학으로 이전예정		

㈜디자인제이어스

설립형태	법인		
설립일자	2016년 11월 16일		
대표전화	051-291-7605	상시종업원	4명
팩스	051-294-8500	홈페이지	
착한기업 참여일	2016년 5월 17일	주요제품명	인쇄물 출판업
주소	부산광역시 해운대구 센텀동로99		
기타사항			

㈜아레나

설립형태	법인		
설립일자	2016년 9월 8일		
대표전화	010-4594-2490	상시종업원	4명
팩스		홈페이지	
착한기업 참여일	2016년 9월 22일	주요제품명	전산장비 유지보수
주소	부산광역시 동래구안락동212-4		
기타사항			

㈜와이엠텍

설립형태	법인		
설립일자	2016년 7월 8일		
대표전화	010-7535-3812	상시종업원	4명
팩스		홈페이지	
착한기업 참여일	2016년 7월 15일	주요제품명	이동식화장실 제작
주소	부산광역시 연제구. 온천천남로 128		
기타사항			

㈜사람들의 어부

설립형태	개인		
설립일자	2016년 10월 14일		
대표전화	010-9595-6050	상시종업원	3명
팩스		홈페이지	
착한기업 참여일	2016년 11월 2일	주요제품명	어류포장박스 생산
주소	부산광역시 연제구 여고로 56		
기타사항			

사랑마중

설립형태	개인		
설립일자	2016년 11월 26일		
대표전화	010-6682-0259	상시종업원	3명
팩스		홈페이지	
착한기업 참여일	2016년 11월 29일	주요제품명	서비스업(꽃, 커피도소매)
주소	부산광역시 연제구 연수로111번길 17		
기타사항			

발란스투어

설립형태	개인		
설립일자	2016년 9월 29일		
대표전화	010-6576-0970	상시종업원	3명
팩스		홈페이지	
착한기업 참여일	2016년 9월 28일	주요제품명	관광여행업
주소	부산광역시 동구 고관로 38, 3층		
기타사항			

㈜캠핑바이크

설립형태	법인		
설립일자	2015년 4월 15일		
대표전화	070-4117-9044	상시종업원	4명
팩스	051-851-4154	홈페이지	campingsori.com
착한기업 참여일	2015년 4월 8일	주요제품명	바이크 트레일러
주소	부산광역시 사상구 삼락동 380-23번지		
기타사항	캠핑과 자전거의 조합을 이룬 제품을 출시 / 제조 / 판매		

㈜끄레블

설립형태	법인		
설립일자	2015년 6월 10일		
대표전화	070-4790-5001	상시종업원	3명
팩스	070-8260-4554	홈페이지	crevelkorea.com
착한기업 참여일	2015년 3월 24일	주요제품명	완구용 블록 crevel
주소	부산광역시 사하구 옥천로 10(감천동)		
기타사항			

㈜KEVIN

설립형태	법인		
설립일자	2015년 5월 1일		
대표전화	1800-2802	상시종업원	3명
팩스	051-898-1516	홈페이지	kevinshoes.co.kr
착한기업 참여일	2015년 5월 6일	주요제품명	남녀 구두
주소	부산광역시 부산진구 엄광로 176 326호		
기타사항			

㈜참텍

설립형태	법인		
설립일자	2015년 6월 26일		
대표전화	051-728-2063	상시종업원	3명
팩스	051-629-7958	홈페이지	
착한기업 참여일	2015년 4월 3일	주요제품명	자동차 부품
주소	부산광역시 기장군 장안읍 명례리 899-10		
기타사항			

㈜대연목형

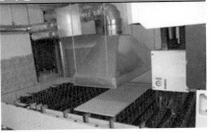

설립형태	법인		
설립일자	2015년 7월 6일		
대표전화	051-254-6880	상시종업원	4명
팩스	051-254-6881	홈페이지	
착한기업 참여일	2015년 4월 3일	주요제품명	목형 및 금형
주소	부산광역시 중구 흑교로45번길31호		
기타사항	목형틀이라는 새로운 아이템으로 창업(거래처 증가 및 매출증가)		

㈜황금어장

설립형태	법인		
설립일자	2015년 5월 13일		
대표전화	051-262-2943	상시종업원	3명
팩스	051-262-2943	홈페이지	
착한기업 참여일	2015년 4월 28일	주요제품명	x-tremum
주소	부산광역시 사하구 을숙도대로755번길 104, 2층(구평동)		
기타사항	낚시용품 제조 및 도매(루어용품)		

㈜보고티엔씨

설립형태	법인		
설립일자	2015년 6월 1일		
대표전화	051-747-9118	**상시종업원**	3명
팩스	051-797-9118	**홈페이지**	
착한기업 참여일	2015년 4월 16일	**주요제품명**	가방인쇄업
주소	부산광역시 부산진구 엄광로 176 326호		
기타사항			

㈜엘에스테크

설립형태	법인		
설립일자	2015년 9월 3일		
대표전화	051-304-0903	**상시종업원**	5명
팩스	051-305-8900	**홈페이지**	
착한기업 참여일	2015년 8월 7일	**주요제품명**	공작기계 주요center
주소	부산광역시 사상구 삼락천로 134		
기타사항			

㈜디케이인더스트리얼

설립형태	법인		
설립일자	2015년 10월 14일		
대표전화	070-8929-5275	상시종업원	6명
팩스	051-998-6346	홈페이지	
착한기업 참여일	2015년 9월 9일	주요제품명	건축시공
주소	부산광역시 사상구 주례로28번길10		
기타사항			

㈜에이피글로벌

설립형태	법인		
설립일자	2015년 9월 25일		
대표전화	051-463-5800	상시종업원	3명
팩스	051-463-5801	홈페이지	
착한기업 참여일	2015년 9월 1일	주요제품명	국제물류주선업
주소	부산광역시 중구 충장대로9번길 36-1		
기타사항			

㈜스윗팩토리

설립형태	법인		
설립일자	2014년 8월 1일		
대표전화	051-244-1005	상시종업원	3명
팩스		홈페이지	
착한기업 참여일	2014년 7월 2일	주요제품명	커피가공 및 빵류
주소	부산광역시 서구 구덕로 396번길 17		
기타사항			

엑스스포츠㈜

설립형태	법인		
설립일자	2014년 3월 18일		
대표전화	070-7404-3001	상시종업원	5명
팩스	051-248-5272	홈페이지	lagenstore.com
착한기업 참여일	2014년 2월 24일	주요제품명	캠핑용품, 루프
주소	부산광역시 강서구 공항로 339번길 5		
기타사항	거래처 증가 및 수요증가로 직원채용 및 대리점 개설		

아트메이즈디자인㈜

설립형태	법인		
설립일자	2014년 4월 5일		
대표전화	070-4214-7219	상시종업원	6명
팩스	051-289-0107	홈페이지	artmazed.com
착한기업 참여일	2014년 10월 1일	주요제품명	조소 전문 디자인
주소	부산광역시 사상구 주례로47 동서대학교 3층		
기타사항			

도투락㈜

설립형태	법인		
설립일자	2014년 5월 31일		
대표전화	051-909-8829	상시종업원	10명
팩스	051-301-8006	홈페이지	
착한기업 참여일	2014년 5월 20일	주요제품명	공공기관납품용 빵
주소	부산광역시 사상구 사상로 386번길		
기타사항	창업 후 거래처증가로 인해 직원채용 OJT참여		

도울레

설립형태	법인		
설립일자	2014년 9월 1일		
대표전화	010-5064-1080	상시종업원	3명
팩스		홈페이지	
착한기업 참여일	2014년 10월 20일	주요제품명	땅콩관련 식음료
주소	부산광역시 남구 지게골로 24		
기타사항			

㈜지스타

설립형태	법인		
설립일자	2013년 11월 10일		
대표전화	1899-0291	상시종업원	3명
팩스	051-504-0273	홈페이지	gstargolf.co.kr
착한기업 참여일	2013년 4월 25일	주요제품명	골프용품 개발
주소	부산광역시 동래구 아시아드대로 114번길 13/2층		
기타사항			

에코피싱

설립형태	법인		
설립일자	2013년 11월 1일		
대표전화	010-2711-9693	상시종업원	2명
팩스	051-247-2136	홈페이지	
착한기업 참여일	2013년 9월 4일	주요제품명	낚시 추
주소	부산광역시 사하구 사리로 55번길 16 동주대학교 창업보육센터 403호		
기타사항			

캠리

설립형태	법인		
설립일자	2013년 9월 30일		
대표전화	051-328-0677	상시종업원	6명
팩스	051-328-0676	홈페이지	
착한기업 참여일	2013년 7월 29일	주요제품명	코발트관련 화학물질 제조
주소	부산광역시 사상구 새벽로 77번길 26		
기타사항			

더퍼스트랩(주)

설립형태	법인		
설립일자	2013년 10월 18일		
대표전화	010-5777-3997	상시종업원	5명
팩스		홈페이지	
착한기업 참여일	2013년 8월 27일	주요제품명	기록매체 복제업
주소	부산광역시 해운대구 반송순환로 142 영산대창업보육센터 8506		
기타사항			

㈜휴먼컴퓨터

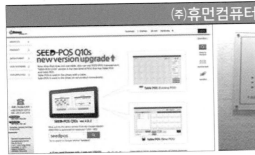

설립형태	법인		
설립일자	2012년 12월 12일		
대표전화	051-621-2712	상시종업원	
팩스	051-621-2712	홈페이지	
착한기업 참여일	2012년 12월 2일	주요제품명	홈페이지 제작
주소	부산광역시 남구 대연동 10-12 2층		
기타사항			

위베이스㈜

설립형태	법인		
설립일자	2012년 11월 28일		
대표전화	051-711-7416	상시종업원	3명
팩스	051-784-0995	홈페이지	webace.co.kr
착한기업 참여일	2012년 11월 14일	주요제품명	부동산관련 소프트웨어 개발
주소	부산광역시 남구 수영로334번길 19		
기타사항			

2) 채용약정형 OJT 기업
- 2016년

강진정밀

설립형태	개인		
설립일자	2005년 10월		
대표전화	051-301-3816	상시종업원	10명
팩스		홈페이지	
착한기업 참여일	2016년 3월 16일	주요제품명	기계금속 가공
주소	부산광역시 강서구 제도로 1175번길 56-22(강동동)		
기타사항			

㈜엠알씨기획

설립형태	법인		
설립일자	2016년 1월		
대표전화	051-714-3818	상시종업원	5명
팩스		홈페이지	
착한기업 참여일	2016년 3월 21일	주요제품명	IT 컨텐츠 제작/서비스
주소	부산광역시 남구 못골로 76, 3층		
기타사항			

㈜오런

설립형태	법인		
설립일자	2013년 9월		
대표전화	051-818-0586	상시종업원	20명
팩스		홈페이지	
착한기업 참여일	2016년 3월 23일	주요제품명	장갑 제조
주소	부산광역시 사상구 감전동 133-10번지		
기타사항			

㈜푸드웰스

설립형태	법인		
설립일자	2012년 3월		
대표전화	051-941-1254	상시종업원	9명
팩스		홈페이지	
착한기업 참여일	2016년 3월 29일	주요제품명	식품 가공/유통
주소	부산광역시 강서구 유통단지 1로 57번가길 47		
기타사항			

㈜다나이엔지

설립형태	법인		
설립일자	2015년 12월		
대표전화	010-3877-4616	상시종업원	7명
팩스		홈페이지	
착한기업 참여일	2016년 3월 29일	주요제품명	자동차 부품 제조
주소	부산광역시 강서구 제도로 979-19(강동동)		
기타사항			

안성호이스트

설립형태	개인		
설립일자	2009년 4월		
대표전화	010-7689-7750	상시종업원	2명
팩스		홈페이지	
착한기업 참여일	2016년 3월 31일	주요제품명	호이스트 제조
주소	부산광역시 강서구 대저로 174		
기타사항			

링크마인드

설립형태	개인		
설립일자	2015년 9월		
대표전화	050-570-0777	상시종업원	5명
팩스		홈페이지	
착한기업 참여일	2016년 4월 21일	주요제품명	IT 컨텐츠 제작/서비스
주소	부산광역시 남구 신선로365 창업지원센터 3층 307호(용당캠퍼스)		
기타사항			

국제정공

설립형태	개인		
설립일자	1995년 4월		
대표전화	051-325-7352	상시종업원	2명
팩스		홈페이지	
착한기업 참여일	2016년 3월 29일	주요제품명	기계금속 가공
주소	부산광역시 사상구 괘법동 566-2		
기타사항			

키스톤테크

설립형태	개인		
설립일자	2014년 8월 13일		
대표전화	051-971-9515	상시종업원	3명
팩스		홈페이지	
착한기업 참여일	2016년 5월 2일	주요제품명	태양열관련 프레임 가공
주소	부산광역시 강서구 유통단지 1로 50, 209동 206호		
기타사항			

몬스터웍스

설립형태	개인		
설립일자	2015년 3월		
대표전화	1600-9722	상시종업원	9명
팩스		홈페이지	
착한기업 참여일	2016년 4월 15일	주요제품명	IT 컨텐츠 제작/서비스
주소	부산광역시 낙동대로 542, 대우에덴프라자 2동 206호		
기타사항			

㈜현백

설립형태	법인		
설립일자	2011년 3월		
대표전화	051-337-2578	상시종업원	10명
팩스		홈페이지	
착한기업 참여일	2016년 4월 5일	주요제품명	육류가공
주소	부산광역시 강서구 낙동북로 102번길 63(강동동)		
기타사항			

세창테크

설립형태	개인		
설립일자	2009년 7월		
대표전화	051-301-9977	상시종업원	2명
팩스		홈페이지	
착한기업 참여일	2016년 4월 6일	주요제품명	기계금속 가공
주소	부산광역시 강서구 대저2동 금호순서길 220		
기타사항			

엠제이테크

설립형태	개인		
설립일자	2010년 7월 1일		
대표전화	010-9382-5948	상시종업원	5명
팩스		홈페이지	
착한기업 참여일	2016년 5월 23일	주요제품명	기계금속 가공
주소	부산광역시 강서구 대부길 57		
기타사항			

근영해운항공㈜

설립형태	법인		
설립일자	2015년 12월		
대표전화	051-900-1588	상시종업원	4명
팩스		홈페이지	
착한기업 참여일	2016년 5월 30일	주요제품명	국제물류 서비스
주소	부산광역시 동구 중앙대로 236번길 12 장호빌딩 602호		
기타사항			

㈜알알코퍼레이션

설립형태	법인		
설립일자	2013년 7월		
대표전화	1577-5615	상시종업원	12명
팩스		홈페이지	
착한기업 참여일	2016년 7월 6일	주요제품명	IT 컨텐츠 제작/서비스
주소	부산광역시 부산진구 신천대로 62번길 38		
기타사항			

㈜라인기술

설립형태	법인		
설립일자	2015년 10월 1일		
대표전화	010-3328-0138	상시종업원	4명
팩스		홈페이지	
착한기업 참여일	2016년 9월 7일	주요제품명	광고디자인
주소	부산광역시 남구 유엔평화로 14번길 5 관호빌딩 302호		
기타사항			

SH TECH

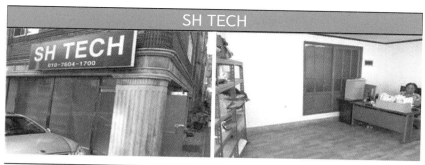

설립형태	개인		
설립일자	2010년 7월 29일		
대표전화	051-506-8837	상시종업원	4명
팩스		홈페이지	
착한기업 참여일	2016년 9월 21일	주요제품명	건축 폐기물 운반
주소	부산광역시 해운대구 반여동 1291-1182번지		
기타사항			

와이파이㈜

설립형태	법인		
설립일자	2013년 8월		
대표전화	051-743-3903	상시종업원	3명
팩스		홈페이지	
착한기업 참여일	2016년 10월 6일	주요제품명	조선기자재 제조
주소	부산광역시 해운대구 센텀중앙로 66 센텀티타워 1206호		
기타사항			

성일자동차정비

설립형태	개인		
설립일자	1992년 2월 6일		
대표전화	051-781-2326	상시종업원	3명
팩스		홈페이지	
착한기업 참여일	2016년 9월 20일	주요제품명	자동차 경정비
주소	부산광역시 해운대구 재송 1동 573-4		
기타사항			

㈜마이스플랜즈

설립형태	법인		
설립일자	2012년 3월		
대표전화	051-783-1171	상시종업원	11명
팩스		홈페이지	
착한기업 참여일	2016년 3월 7일	주요제품명	IT 컨텐츠 제작/서비스
주소	부산광역시 해운대구 우동 1460 센텀T타워 402호		
기타사항			

정익정밀

설립형태	개인		
설립일자	2003년 11월		
대표전화	051-204-6931	상시종업원	5명
팩스		홈페이지	
착한기업 참여일	2016년 3월 11일	주요제품명	기계금속 가공
주소	부산광역시 사하구 신평동 512번지		
기타사항			

서경켐텍

설립형태	개인		
설립일자	2010년 2월		
대표전화	051-301-8482	상시종업원	12명
팩스		홈페이지	
착한기업 참여일	2016년 3월 10일	주요제품명	합성고무 주형
주소	부산광역시 사상구 사상로401번길 28(덕포동)		
기타사항			

삼성기계공업사

설립형태	개인		
설립일자	1987년 12월		
대표전화	051-313-7227	상시종업원	5명
팩스		홈페이지	
착한기업 참여일	2016년 3월 21일	주요제품명	목욕탕 기계 제조
주소	부산광역시 사상구 감전동 957-29		
기타사항			

한백정공

설립형태	개인		
설립일자	2002년 3월		
대표전화	051-313-9823	상시종업원	3명
팩스		홈페이지	
착한기업 참여일	2016년 3월 22일	주요제품명	기계금속 가공
주소	부산광역시 사상구 광장로 34(괘법동)		
기타사항			

고려일진㈜

설립형태	법인		
설립일자	1991년 9월 16일		
대표전화	051-266-5879	상시종업원	15명
팩스		홈페이지	
착한기업 참여일	2016년 3월 24일	주요제품명	자동차 부품 제조
주소	부산광역시 사하구 장평로 31-2		
기타사항			

㈜미광E.N.G

설립형태	법인		
설립일자	2012년 11월		
대표전화	051-303-3353	상시종업원	15명
팩스		홈페이지	
착한기업 참여일	2016년 3월 29일	주요제품명	중장비 조선 유압 배관 생산
주소	부산광역시 사상구 사상로 489번길 71 (모라동)		
기타사항			

명진테크

설립형태	개인		
설립일자	2014년 10월		
대표전화	051-266-8242	상시종업원	3명
팩스		홈페이지	
착한기업 참여일	2016년 6월 25일	주요제품명	전기아연도금 표면처리
주소	부산광역시 사상구 낙동대로 862-15(감전동) 2층		
기타사항			

명진금속

설립형태	개인		
설립일자	2010년 10월		
대표전화	051-266-8242	상시종업원	6명
팩스		홈페이지	
착한기업 참여일	2016년 3월 29일	주요제품명	전기아연도금 표면처리
주소	부산광역시 사상구 낙동대로 862-15(감전동) 1층		
기타사항			

DH테크

설립형태	개인		
설립일자	1990년 3월		
대표전화	051-892-8451	상시종업원	10명
팩스		홈페이지	
착한기업 참여일	2016년 4월 15일	주요제품명	기계금속 가공
주소	부산광역시 사상구 삼락동 365-15		
기타사항			

㈜트루스

설립형태	법인		
설립일자	2012년 2월		
대표전화	051-319-0009	상시종업원	4명
팩스		홈페이지	
착한기업 참여일	2016년 5월 3일	주요제품명	조선기자재 제조
주소	부산광역시 사상구 괘법동 부산산업용품 유통상가 15동 235호		
기타사항			

진양산업

설립형태	개인		
설립일자	1998년 3월		
대표전화	010-3593-0993	상시종업원	5명
팩스		홈페이지	
착한기업 참여일	2016년 4월 22일	주요제품명	에어컨 부품 제조
주소	부산광역시 사하구 신평동 567-31		
기타사항			

스마트창호

설립형태	개인		
설립일자	2014년 5월		
대표전화	051-327-8666	상시종업원	3명
팩스		홈페이지	
착한기업 참여일	2016년 6월 1일	주요제품명	창호 샷시 제조
주소	부산광역시 사상구 학장동 719-1		
기타사항			

우일테크

설립형태	개인		
설립일자	2013년 6월		
대표전화	010-2836-0292	상시종업원	5명
팩스	051-831-1112	홈페이지	
착한기업 참여일	2016년 8월 4일	주요제품명	기계금속 가공
주소	부산광역시 강서구 송정동 1619-13번지		
기타사항			

프로테크

설립형태	개인		
설립일자	2013년 12월 10일		
대표전화	070-4010-4853	상시종업원	10명
팩스		홈페이지	
착한기업 참여일	2016년 9월 1일	주요제품명	전기판넬, 전계장품목 조립 생산
주소	부산광역시 해운대구 반송로 513번길 66-47, 테크노타워 302호		
기타사항			

신성정밀공업㈜

설립형태	법인		
설립일자	1995년 1월		
대표전화	051-264-2112	상시종업원	24명
팩스		홈페이지	
착한기업 참여일	2016년 10월 25일	주요제품명	드럼통 및 식용류통 제작
주소	부산광역시 강서구 화전산단 2로 134번길 42		
기타사항			

아나브

설립형태	개인		
설립일자	2016년 8월 1일		
대표전화	010-8525-0913	상시종업원	3명
팩스		홈페이지	
착한기업 참여일	2016년 11월 15일	주요제품명	천연비누, 천연염색 제품 제조
주소	부산광역시 사하구 낙동대로 550번길 37 동아대학교 산학연구관 503		
기타사항			

㈜지패션코리아

설립형태	법인		
설립일자	2015년 8월		
대표전화	1899-6711	상시종업원	10명
팩스		홈페이지	
착한기업 참여일	2016년 11월 18일	주요제품명	신발 제조
주소	부산광역시 사상구 대동로 269번길 59, 2층		
기타사항			

고투트래블

설립형태	개인		
설립일자	2015년 1월		
대표전화	050-7456-0330	상시종업원	2명
팩스		홈페이지	
착한기업 참여일	2016년 3월 21일	주요제품명	여행관련 앱 개발
주소	부산광역시 남구 신선로 365번지 3층 320호		
기타사항			

㈜피노

설립형태	법인		
설립일자	2016년 7월 8일		
대표전화	010-3333-6845	상시종업원	2명
팩스		홈페이지	
착한기업 참여일	2016년 10월 28일	주요제품명	IT 컨텐츠 제작/서비스
주소	부산광역시 해운대구 센텀동로 41, 3층 301호(우동, 센텀벤처타운)		
기타사항			

㈜갓차

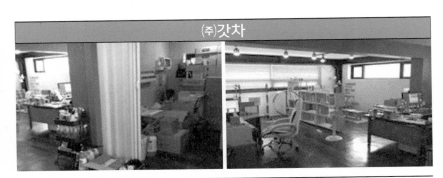

설립형태	법인		
설립일자	2016년 8월 24일		
대표전화	051-626-2533	상시종업원	5명
팩스		홈페이지	
착한기업 참여일	2016년 8월 9일	주요제품명	자동차 세차 관련 앱 개발
주소	부산광역시 남구 수영로 358번길 23, 5층		
기타사항			

㈜하울솔루션

설립형태	법인		
설립일자	2015년 9월 25일		
대표전화	010-5097-9343	상시종업원	3명
팩스		홈페이지	
착한기업 참여일	2016년 8월 25일	주요제품명	IT 컨텐츠 제작/서비스
주소	부산광역시 동구 자성로 133번길		
기타사항			

㈜부산삼차원연구소

설립형태	법인		
설립일자	2015년 11월		
대표전화	051-909-6663	상시종업원	4명
팩스		홈페이지	
착한기업 참여일	2016년 8월 29일	주요제품명	3D프린팅 관련 제조
주소	부산광역시 부산진구 황령대로 1, 지하 1층		
기타사항			

㈜중앙로지스

설립형태	법인		
설립일자	1999년 1월		
대표전화	051-528-0454	상시종업원	13명
팩스		홈페이지	
착한기업 참여일	2016년 9월 22일	주요제품명	화물 운송 서비스
주소	부산광역시 해운대구 반송로 525번길 15, 해운대타워 302호		
기타사항			

㈜화인페이퍼

설립형태	법인		
설립일자	1998년 2월		
대표전화	051-324-0766	상시종업원	7명
팩스		홈페이지	
착한기업 참여일	2016년 10월 20일	주요제품명	용지 관련 유통
주소	부산광역시 사상구 감전동 169-13		
기타사항			

꼬꼬잠

설립형태	개인		
설립일자	2014년 9월		
대표전화	070-7582-7631	상시종업원	2명
팩스		홈페이지	
착한기업 참여일	2016년 11월 1일	주요제품명	영유아 의류 제조
주소	부산광역시 금정구 부산대학교 6공학관 6209-1호		
기타사항			

리안팩토리

설립형태	개인		
설립일자	2015년 6월		
대표전화	051-996-1119	상시종업원	2명
팩스		홈페이지	
착한기업 참여일	2016년 11월 3일	주요제품명	3D프린팅 관련 제조
주소	부산광역시 남구 부경대학교 용당캠퍼스 365 10공학관 325호		
기타사항			

㈜디자인엑스투

설립형태	법인		
설립일자	2008년 5월 21일		
대표전화	051-742-0143	상시종업원	28명
팩스	051-914-0182	홈페이지	designx2.kr
착한기업 참여일	2015년 6월 26일	주요제품명	산업디자인
주소	부산광역시 해운대구 센텀동로 99,308-2호 (재송동, 벽산e-센텀 클래스원)		
기타사항			

㈜이노텍코리아

설립형태	법인		
설립일자	2011년 6월 28일		
대표전화	070-8867-4763	상시종업원	27 명
팩스	070-7500-5809	홈페이지	www.innotec2012.ubizdesk.kr
착한기업 참여일	2015년 6월 11일	주요제품명	토목계측/연약지반처리/안전진단
주소	부산광역시 사하구 동매로 120 (하단동 한신혜성 상가 304호)		
기타사항			

성미테크

설립형태	법인		
설립일자	2012년 11월 1일		
대표전화	051-301-7059	상시종업원	4명
팩스	051-302-1639	홈페이지	
착한기업 참여일	2015년 4월 6일	주요제품명	전기기기,제조
주소	부산광역시 강서구 제도로 975-5 (강동동)		
기타사항			

산타데이

설립형태	개인		
설립일자	2014년 11월 10일		
대표전화	1899-2849	상시종업원	3명
팩스	051-592-7700	홈페이지	www.santaday.co.kr
착한기업 참여일	2015년 4월 10일	주요제품명	명함/쿠폰문자
주소	부산광역시 부산진구 가야대로 497 A-312(가야컴퓨터 상가)		
기타사항			

㈜아르제니스디자인

설립형태	법인		
설립일자	2013년 7월 1일		
대표전화	051-743-5071	상시종업원	9명
팩스	051-744-5069	홈페이지	www.artzenith.kr
착한기업 참여일	2015년 8월 12일	주요제품명	실내인테리어외
주소	부산광역시 해운대구 우동 1458 인텔리움 센텀 405호		
기타사항			

㈜키스톤에너지

설립형태	법인		
설립일자	2014년 3월 17일		
대표전화	051-796-1345	상시종업원	10명
팩스	051-796-1348	홈페이지	
착한기업 참여일	2015년 7월 15일	주요제품명	태양광인버터, 접속반
주소	부산광역시 사하구 하신중앙로 27번길 17(장림동 1146) 에이스밀 303호		
기타사항	기업부설연구소 부산광역시 강서구 대저2동 유통단지1로 50, 209동 206호		

예현방가

설립형태	개인		
설립일자	2012년 3월 15일		
대표전화	010-7449-9998	상시종업원	4명
팩스		홈페이지	blog.naver.com/dp-gusqkdrk
착한기업 참여일	2015년 6월 9일	주요제품명	예현방가영양떡,손떡
주소	부산광역시 강서구 신포경등길 254(명지동)		
기타사항			

블레싱베이비즈

설립형태	개인		
설립일자	2015년 5월 4일		
대표전화	010-7174-0254	상시종업원	4명
팩스	051-997-0255	홈페이지	
착한기업 참여일	2015년 6월 8일	주요제품명	강아지 의류
주소			
기타사항	의류 제조, 봉제, 웨딩		

해와나무교육

설립형태	개인		
설립일자	1999년 1월 1일		
대표전화	051-628-8898	상시종업원	4명
팩스	051-625-2770	홈페이지	www.sunandtree.co.kr
착한기업 참여일	2015년 4월 10일	주요제품명	영재·수재·신동 한자교재
주소	부산광역시 수영구 남천동로 16번길 5		
기타사항			

㈜마스포유

설립형태	법인		
설립일자	2013년 7월 12일		
대표전화	1661-4028	상시종업원	8명
팩스	051-631-2178	홈페이지	www.mas4u.co,kr
착한기업 참여일	2015년 4월 8일	주요제품명	BUBBLE JET(버블젯)
주소	부산광역시 영도구 태종로 417 (청학동 5층 동영빌딩)		
기타사항			

설립형태	개인		
설립일자	2014년 5월 27일		
대표전화	051-220-7545	상시종업원	1명
팩스	051-220-7545	홈페이지	
착한기업 참여일	2015년 3월 9일	주요제품명	1인칭 전래동화 (종이나라 인형극)
주소	부산광역시 사하구 낙동대로 550번길 동아대학교 산학연구관 407호		
기타사항			

설립형태	개인		
설립일자	2015년 3월 16일		
대표전화	010-6587-2422	상시종업원	3명
팩스		홈페이지	
착한기업 참여일	2015년 5월 4일	주요제품명	웨어러블 기기 개발
주소	부산광역시 동구 중앙대로 365 부산일보 7층		
기타사항			

㈜미래레저산업

설립형태	법인		
설립일자	2014년 12월 1일		
대표전화	070-7013-4823	상시종업원	8명
팩스		홈페이지	
착한기업 참여일	2015년 3월 5일	주요제품명	캠핑용품 및 텐트 제조
주소	부산광역시 금정구 삼어로 219		
기타사항			

여해시스템

설립형태	개인		
설립일자	2013년		
대표전화	070-8210-7200	상시종업원	2명
팩스		홈페이지	
착한기업 참여일	2015년 3월 14일	주요제품명	전기전자 부품 개발
주소	부산광역시 사상구 감전동 152-2 산업유통상가 5동 223호		
기타사항			

㈜우림엘앤에이

설립형태	법인		
설립일자	2015년 5월		
대표전화	051-525-6080	상시종업원	4명
팩스	051-525-6081	홈페이지	
착한기업 참여일	2015년 7월 9일	주요제품명	LED글자 간판
주소	부산광역시 금정구 반송로409번길 12-12		
기타사항			

㈜브이엠에스

설립형태	법인		
설립일자	2012년 1월 12일		
대표전화	051-782-2323	상시종업원	7명
팩스		홈페이지	
착한기업 참여일	2015년 3월 25일	주요제품명	기계장비 진단 설비
주소	부산광역시 해운대구 센텀중앙로 90(재송동) 큐비e센텀 1106호		
기타사항			

재팬하비

설립형태	개인		
설립일자	2014년 1월 1일		
대표전화	070-8276-8034	상시종업원	2명
팩스		홈페이지	
착한기업 참여일	2015년 4월 27일	주요제품명	무역·상거래
주소	부산광역시 동구 중앙대로 365 부산일보 7층		
기타사항			

대성복층유리

설립형태	개인		
설립일자	2014년 12월		
대표전화	051-315-6289	상시종업원	1명
팩스		홈페이지	
착한기업 참여일	2015년 6월 24일	주요제품명	유리 제조
주소	부산광역시 사상구 낙동대로 915번길		
기타사항			

(사)케이엔엔글로벌 미래교육원

설립형태	개인		
설립일자	2014년 4월		
대표전화	1588-9519	상시종업원	9명
팩스		홈페이지	
착한기업 참여일	2015년 6월 26일	주요제품명	교육 서비스
주소	부산광역시 부산진구 부전동 389-25 부산글로벌빌리지 408호		
기타사항			

수제과일청 담아요

설립형태	개인		
설립일자	2015년 6월 8일		
대표전화	051-995-5553	상시종업원	2명
팩스		홈페이지	
착한기업 참여일	2015년 7월 6일	주요제품명	수제 과일청
주소	부산광역시 부산진구 동평로 235번길 5		
기타사항			

덕진

설립형태	개인		
설립일자	2008년		
대표전화		상시종업원	6명
팩스		홈페이지	
착한기업 참여일	2015년 7월 7일	주요제품명	신발 밑창 생산
주소	부산광역시 금정구 회동동 209-5 2층		
기타사항			

아주정공

설립형태	개인		
설립일자	1997년		
대표전화	051-313-5777	상시종업원	5명
팩스		홈페이지	
착한기업 참여일	2015년 7월 8일	주요제품명	제철 설비
주소	부산광역시 사하구 엄궁동 651-38		
기타사항			

㈜핑크투어

설립형태	법인		
설립일자	2014년 10월		
대표전화	070-5055-2505	상시종업원	1명
팩스		홈페이지	
착한기업 참여일	2015년 7월 14일	주요제품명	여행 관광 서비스
주소	부산광역시 부산진구 동천로 109 삼한골든게이트 빌딩 942호		
기타사항			

솔트로닉

설립형태	개인		
설립일자	2012년 9월		
대표전화	051-319-2824	상시종업원	1명
팩스		홈페이지	
착한기업 참여일	2015년 7월 15일	주요제품명	비철합금 제조
주소	부산광역시 사상구 괘감로37 13동 111호		
기타사항			

㈜금산이엔지

설립형태	법인		
설립일자	2012년		
대표전화	051-304-7084	상시종업원	20명
팩스		홈페이지	
착한기업 참여일	2015년 7월 17일	주요제품명	반도체 부품 생산
주소	부산광역시 사상구 낙동대로 1302번길 38		
기타사항			

㈜뉴인엠케이

설립형태	법인		
설립일자	2015년 1월		
대표전화	051-867-5080	상시종업원	4명
팩스		홈페이지	
착한기업 참여일	2015년 7월 22일	주요제품명	음료, 의류 제조 판매
주소	부산광역시 부산진구 양정동 147-31번지 남명시티벨리 지하2층		
기타사항			

더웹

설립형태	개인		
설립일자	2015년 4월		
대표전화	070-5056-6030	상시종업원	4명
팩스		홈페이지	
착한기업 참여일	2015년 7월 22일	주요제품명	홈페이지 제작, 마케팅
주소	부산광역시 부산진구 서전로 10번길 32 5층		
기타사항			

㈜아미글로벌

설립형태	법인		
설립일자	2013년 6월		
대표전화	051-293-6472	상시종업원	51명
팩스		홈페이지	
착한기업 참여일	2015년 6월 24일	주요제품명	의료기기 제조
주소	부산광역시 사하구 장림번영로 104번길 22		
기타사항			

더웰

설립형태	개인		
설립일자	2013년 3월 25일		
대표전화	010-7215-0502	상시종업원	3명
팩스		홈페이지	
착한기업 참여일	2015년 7월 29일	주요제품명	교육 소프트웨어 개발
주소	부산광역시 영도구 절영로 71 멀티미디어지원센터 503호		
기타사항			

㈜마이스테이션

설립형태	법인		
설립일자	2015년 6월		
대표전화	051-610-1322	상시종업원	4명
팩스		홈페이지	
착한기업 참여일	2015년 7월 30일	주요제품명	컨벤션 기획
주소	부산광역시 남구 대연동 센츄리빌딩 1031호		
기타사항			

플레져코리아

설립형태	개인		
설립일자	2014년 5월 14일		
대표전화	070-8229-1594	상시종업원	3명
팩스		홈페이지	
착한기업 참여일	2015년 7월 30일	주요제품명	자전거 의류 제작
주소	부산광역시 동구 범일로 64-5번지 201호		
기타사항			

태산아크릴

설립형태	개인		
설립일자	2007년		
대표전화	051-311-7939	상시종업원	4명
팩스		홈페이지	
착한기업 참여일	2015년 8월 21일	주요제품명	CNC, 플라스틱 가공
주소	부산광역시 사상구 괘법동 557-5		
기타사항			

㈜부일엘엔에프

설립형태	법인		
설립일자	2000년 3월		
대표전화	051-972-2199	상시종업원	35명
팩스	051-972-2198	홈페이지	
착한기업 참여일	2015년 8월 25일	주요제품명	기계설치 및 조립
주소	부산광역시 강서구 제도로 1132		
기타사항	레이져로 금속관련 재품을 가공하여 외부업체에 납품		

숲아이

설립형태	개인		
설립일자	2013년 1월 2일		
대표전화	051-756-5272	상시종업원	3명
팩스		홈페이지	
착한기업 참여일	2015년 8월 26일	주요제품명	아동 아웃도어 의류
주소	부산광역시 해운대구 센텀동로 71 벽산이센텀클레스원 2차 506호		
기타사항			

광성정공

설립형태	개인		
설립일자	1999년		
대표전화	051- 317-1098	상시종업원	19명
팩스		홈페이지	
착한기업 참여일	2015년 8월 27일	주요제품명	자동차부품 제조 외
주소	부산광역시 사상구 학장동 286-17		
기타사항	자동차부품 제조, 프레스 CO2용접 생산 (삼성,현대,대우)납품		

스마트에어

설립형태	개인		
설립일자	2015년 5월 15일		
대표전화	051-913-0844	상시종업원	2명
팩스	0504-049-7924	홈페이지	
착한기업 참여일	2015년 8월 31일	주요제품명	공기압축기 관련 전자제품
주소	부산광역시 남구 신선로 365 부경대학교 용당캠퍼스 제 10관 405호		
기타사항	공기압축기 관련 전자제품, 제어계측기, 제어시스템 개발		

해동엔지니어링

설립형태	개인		
설립일자	2014년 3월		
대표전화	051-717-2647	상시종업원	8명
팩스		홈페이지	
착한기업 참여일	2015년 9월 9일	주요제품명	수, 배전반 관련 가공
주소	부산광역시 강서구 신덕길 18번길11		
기타사항	수, 배전반 관련 가공 및 조립업체		

㈜핑크로더

설립형태	법인		
설립일자	2012년(법인전환 2014년)		
대표전화	051-254-2420	상시종업원	2명
팩스		홈페이지	
착한기업 참여일	2015년 9월 8일	주요제품명	문화컨텐츠
주소	부산광역시 중구 책방골목길 8-1		
기타사항	문화컨텐츠 지역상품 개발 및 공정여행 프로그램 개발		

㈜다빈

설립형태	법인		
설립일자	2014년 4월		
대표전화	070-7762-0143	**상시종업원**	2명
팩스		**홈페이지**	
착한기업 참여일	2015년 9월 8일	**주요제품명**	커피 생원두 로스팅
주소	부산광역시 해운대구 중동 1488-3		
기타사항	커피 생원두 로스팅, 패키지, 온라인 판매 업체		

㈜오케이티앤티

설립형태	법인		
설립일자	2012년 1월 4일		
대표전화	051-911-0284	**상시종업원**	8명
팩스		**홈페이지**	
착한기업 참여일	2015년 9월 10일	**주요제품명**	선박엔진 부착 베어링 장비
주소	부산광역시 수영구 수미로 75-1		
기타사항	선박엔진 부착 베어링 장비, 웨어링, 베어링 마모도 모니터링 시스템 개발 업체		

한창 M&T

설립형태	개인		
설립일자	2012년		
대표전화	051-327-0822	상시종업원	5명
팩스		홈페이지	
착한기업 참여일	2015년 9월 21일	주요제품명	버스 프레임 제조
주소	부산광역시 사상구 새벽로 17번길 41		
기타사항			

태산산업

설립형태	개인		
설립일자	2013년 1월 14일		
대표전화	051-509-2012	상시종업원	32명
팩스		홈페이지	
착한기업 참여일	2015년 9월 18일	주요제품명	에어백
주소	부산광역시 기장군 철마면 여락송정로 363		
기타사항	S&T모티브 협력 에어백 조립 업체		

뉴인이엔티

설립형태	개인		
설립일자	2014년 5월		
대표전화	051-634-5080	상시종업원	2명
팩스		홈페이지	
착한기업 참여일	2015년 9월 8일	주요제품명	의류
주소	부산광역시 부산진구 양정동 147-31 남명시티벨리 지하2층		
기타사항	학생교복의류, 캐쥬얼 의류 제작 및 홈페이지 온라인 판매		

금보산업

설립형태	개인		
설립일자	2015년 7월 설립		
대표전화	051-328-0822	상시종업원	2명
팩스		홈페이지	
착한기업 참여일	2015년 10월 14일	주요제품명	수출용 버스 프레임
주소	부산광역시 사상구 새벽로 17번길 41		
기타사항	수출용 버스 프레임 용접업체		

㈜선진종합

설립형태	법인		
설립일자	1997년 1월		
대표전화	051-414-7300	상시종업원	30명
팩스	051-414-8870	홈페이지	
착한기업 참여일	2015년 10월 14일	주요제품명	고속엔진수리
주소	부산광역시 영도구 대평로41번길 3		
기타사항	고속엔진수리 , 부품 판매 , 발전기 판매 A/S 업체		

한솔테크

설립형태	개인		
설립일자	2013년 1월 24일		
대표전화	051-509-2012	상시종업원	14명
팩스		홈페이지	
착한기업 참여일	2015년 10월 14일	주요제품명	에어백
주소	부산광역시 기장군 철마면 여락송정로 363		
기타사항	대우 자동차 에어백 생산 및 조립 업체		

㈜씨웰

설립형태	법인		
설립일자	2007년		
대표전화	051-532-1435	상시종업원	30명
팩스		홈페이지	
착한기업 참여일	2015년 10월 16일	주요제품명	수산물 식품
주소	부산광역시 해운대구 센텀동로 99 벽산e센텀클래스원 508-1호		
기타사항	수산물 식품 연어, 장어 가공 및 연구개발, 마케팅, 수출 업체		

(사)해양산업연구원

설립형태	사단법인		
설립일자	2007년		
대표전화	051-610-0122	상시종업원	2명
팩스		홈페이지	
착한기업 참여일	2015년 11월 12일	주요제품명	해양산업 연구
주소	부산광역시 남구 수영로 312, 센츄리시티빌딩 1008호		
기타사항	해양분야 장,단기 정책수립과 정책 방향제시 및 해양산업 경쟁력 향상을 위한 컨설팅		

㈜지이엠

설립형태	법인		
설립일자	2009년		
대표전화	051-556-5960	상시종업원	7명
팩스	051-556-5963	홈페이지	
착한기업 참여일	2015년 10월 8일	주요제품명	고속 엘리먼트
주소	부산광역시 북구 만덕3로 16번길 1, 부산이노비즈센터 205호		
기타사항	고속전동기에 사용되는 엘리먼트 제작업체		

㈜스킨슈즈 코리아 (구 ㈜에스앤에스시)

설립형태	법인		
설립일자	2013년 10월 24일		
대표전화	070-7755-2090	상시종업원	14명
팩스	051-532-2090	홈페이지	
착한기업 참여일	2014년 3월 5일	주요제품명	스킨슈즈
주소	부산광역시 금정구 공단동로41번길 10, 606		
기타사항			

에코랜드

설립형태	개인		
설립일자	2011년 1월 15일		
대표전화	070-4209-2470	상시종업원	5명
팩스	055-338-2471	홈페이지	http://www.ecoland115.co.kr
착한기업 참여일	2014년 3월 11일	주요제품명	전통정자.파고라
주소	부산광역시 사상구 주례로 45 경남정보대 산학협력관 108호		
기타사항			

예빈종합인쇄

설립형태	개인		
설립일자	2014년 1월 14일		
대표전화	010-3836-7915	상시종업원	5명
팩스	051-809-8926	홈페이지	
착한기업 참여일	2014년 2월 17일	주요제품명	스티커 특수인쇄
주소	부산광역시 사상구 학감대로 222-83번지		
기타사항			

핀트미디어

설립형태	개인		
설립일자	2014년 3월 19일		
대표전화	070-7883-9289	상시종업원	3명
팩스	051-632-4777	홈페이지	www.aliviral.com
착한기업 참여일	2014년 6월 9일	주요제품명	온라인 마케팅
주소	부산광역시 남구 문현1동 삼원 108호		
기타사항	검색광고, 바이럴마케팅, SNS마케팅, 마케팅강의 및 컨설팅		

해피워리(HappyWorry)

설립형태	개인		
설립일자	2014년 1월 14일		
대표전화	051-751-0933	상시종업원	5명
팩스	051-761-0933	홈페이지	www.happyworry.co.kr
착한기업 참여일	2014년 4월 24일	주요제품명	시스템 소프트웨어개발
주소	부산광역시 수영구 광남로88 401(광안2동, 태민빌딩)		
기타사항			

앤츠빌리지

설립형태	개인		
설립일자	2013년 11월 1일		
대표전화	070-4111-5202	상시종업원	3명
팩스	051-502-5202	홈페이지	antsvillage.com
착한기업 참여일	2014년 6월 3일	주요제품명	수산 홈페이지제작 온라인광고대행 바이럴 물 식품
주소	부산광역시 연제구 거제2동 856-6 화신데파트 207-1 (9월24일 이전)		
기타사항			

건축사사무소 가감승제

설립형태	개인		
설립일자	2014년 1월 29일		
대표전화	051-756-0502	상시종업원	7명
팩스	051-756-0542	홈페이지	
착한기업 참여일	2014년 9월 4일	주요제품명	건축설계 및 자문, 공사감리, 석면해체 감리
주소	부산광역시 해운대구 센텀북대로 60, 1811호(재송동, 센텀IS타워)		
기타사항	건축물 설계, 공사감리, 석면해체 감리, 건축물유지관리 점검 등 건축물의 기획 및 설계 부터 유지관리 까지 건축물의 전 생애 관리		

㈜세종디자인

설립형태	법인		
설립일자	2014년 7월 4일		
대표전화	051-912-5436	상시종업원	7명
팩스	051-911-5436	홈페이지	www.sejongdtp.com
착한기업 참여일	2014년 9월 23일	주요제품명	디지털실사출력물
주소	부산광역시 사상구 주례로 25, 2층		
기타사항			

㈜소정건설

설립형태	법인		
설립일자	2008년 2월 15일		
대표전화	051-303-3711~2	상시종업원	5명
팩스	051-303-3713	홈페이지	sojungenc.co.kr
착한기업 참여일	2014년 10월 7일	주요제품명	시설물유지관리
주소	부산광역시 북구 사상로 581, 203호		
기타사항			

나노스틸

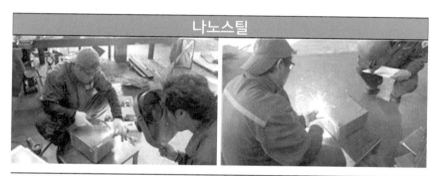

설립형태	개인		
설립일자	2008년 6월		
대표전화	051-972-1142	상시종업원	4명
팩스		홈페이지	
착한기업 참여일	2014년 8월 28일	주요제품명	조선기자재 배선반 제작
주소	부산광역시 강서구 대저2동 4700-2		
기타사항			

캠리

설립형태	개인		
설립일자	2013년 9월 30일		
대표전화	051-328-0677	상시종업원	6명
팩스	051-328-0676	홈페이지	
착한기업 참여일	2013년 7월 29일	주요제품명	산화코발트
주소	부산광역시 사상구 새벽로 77번길 26		
기타사항	수출관련 업체와 연계희망		

㈜우진문화

설립형태	법인		
설립일자	1995년 3월		
대표전화	051-305-1804	상시종업원	8명
팩스	051-305-1809	홈페이지	
착한기업 참여일	2013년 4월 12일	주요제품명	특수인쇄(라벨)
주소	부산광역시 사상구 삼락동 342-19 부산인쇄타운 410호		
기타사항			

㈜벤디츠 (구.JYC컴퍼니)

설립형태	법인(벤처)		
설립일자	2013년 1월 21일		
대표전화	1599-3288	상시종업원	18명
팩스	02-6442-7724	홈페이지	www.venditz.com
착한기업 참여일	2013년 3월 5일	주요제품명	비즈니스 플랫폼 (모바일 어플리케이션)
주소	부산광역시 해운대구 센텀중앙로 78, 센텀그린타워 17층 1708호		
기타사항	2015년 7월 ㈜JYC컴퍼니에서 인수합병을 통한 現상호변경		

㈜젠픽스

설립형태	법인		
설립일자	2012년 3월		
대표전화	051-247-0417	상시종업원	25명
팩스		홈페이지	
착한기업 참여일	2013년 10월 22일	주요제품명	천장시공재
주소	부산광역시 강서구 강동동 4046-1번지		
기타사항			

위너스피티

설립형태	개인		
설립일자	2012년 5월		
대표전화	051-904-7315	상시종업원	12명
팩스	051-711-1295	홈페이지	
착한기업 참여일	2013년 8월 13일	주요제품명	프레젠테이션 제작
주소	부산광역시 부산진구 중앙대로 585 3층		
기타사항			

폴

설립형태	개인		
설립일자	2011년 6월		
대표전화	051-924-0404	상시종업원	20명
팩스		홈페이지	
착한기업 참여일	2013년 2월 7일	주요제품명	IT소프트 및 EPR서비스, 모바일
주소	부산광역시 남구 수영로 309 경성대학교 BIC B111호		
기타사항			

로고스아이티㈜

설립형태	법인		
설립일자	2010년 9월 15일		
대표전화	051-610-1987	상시종업원	8명
팩스		홈페이지	
착한기업 참여일	2013년 5월	주요제품명	자바프로그램 개발
주소	부산광역시 남구 대연3동 21센츄리시티 903		
기타사항			

내쇼날시스템㈜

설립형태	법인		
설립일자	1997년 6월 1일		
대표전화	051-305-403 v~5	상시종업원	10명
팩스	051-305-4036	홈페이지	
착한기업 참여일	2013년 6월 25일	주요제품명	용접기기 제조
주소	부산광역시 사상구 낙동대로 1448		
기타사항			

박신영의 나전칠기

설립형태	개인		
설립일자	2011년 4월 27일		
대표전화	051-866-4974	상시종업원	2명
팩스		홈페이지	blog.naver.com/techno666122
착한기업 참여일	2012년 3월 5일	주요제품명	나전칠기 제품
주소	부산광역시 연제구 신금로 17번길 59.202(연산동)		
기타사항			

㈜위비즈

설립형태	법인		
설립일자	2015년 3월 16일		
대표전화	051-501-0082	상시종업원	6명
팩스		홈페이지	
착한기업 참여일	2012년 10월 4일	주요제품명	드라이아이스 판매 기기 제조
주소	부산광역시 남구 신선로 365 부경대 용당캠퍼스 B1 센터 506호		
기타사항			

웰니스팜

최신장비와 철저한 위생관리로 최고의 식품을 만듭니다.
All our products are inspected throughly by our sanitary supervision.

설립형태	개인		
설립일자	2011년 7월 1일		
대표전화	1877-7153	상시종업원	4명
팩스	051-797-3707	홈페이지	www.wellnessfarm.kr
착한기업 참여일	2012년 11월 20일	주요제품명	베이글녀 비빔밥
주소	부산광역시 사상구 백양대로700번길 140, 215호(마린바이오센터)		
기타사항	농산물을 이용한 가공식품군 연구&개발 및 유통		

새로운 지역 틈새일자리 프로젝트
부산형 착한기업 2012~2016

07

갤러리

원스톱취업지원센터

1회 채용마당(솔트로닉)

2회 채용마당(C&H텔레콤)

3회 채용마당(정우마트)

4회 채용마당(사람들의어부)

착한기업 클럽행사

1차 클럽좌담회

2차 클럽좌담회

창업기업

협약식

채용약정형 OJT

새로운 지역 틈새일자리 프로젝트
부산형 착한기업 2012~2016

—

08

부록

부산형 착한기업 육성 매뉴얼

1. 부산형 착한기업 창업 육성 매뉴얼

□ **목적**

○ 부산형 착한기업 창업과 관련된 각종 지원 내용(운영지원, 교육훈련, 컨설팅)과 이에 관련된 업무의 수행을 보다 효율적으로 추진하기 위한 절차를 규정하고자 함

□ **지원내용**

○ 지원조건

  – 3~4인(사업주 포함)이상 법인으로 창업 예정인 사업장

  – 법인 창업 후 채용과 동시에 4대보험을 가입하여야 함

○ 지원규모

  – 보증지원(기술보증기금과 연계)

  ※ 보증지원은 기술보증기금 자체 제규정에 의하며, 창업지원 결정이 기술보증기금으로부터의 보증지원을 담보하지 않음

－ 선정전 사전컨설팅 지원 : 전문컨설턴트에 의한 사전컨설팅 지원 (1-2회)

　　　－ 창업(법인 설립) 후 운영지원 : 최대 3,000만원 지원(교육비용포함)

　　　－ 창업후 각종 교육지원 : 창업자 및 직원에 대한 맞춤형교육 지원

　　　－ 창업 전후 각종 컨설팅 지원 : 세무, 회계, 노무 등

　　○ 지원기간

　　　－ 창업운영 지원금 : 협약체결 후 ~ 2016년 12월

　　　－ 창업후 교육지원 : 협약체결 후 ~ 2016년 12월

　　　－ 컨설팅 : 협약체결 후 ~ 2016년 12월

　　○ 지원우선 순위 및 지급금액

1순위 지원업체 (2개 업체)	2순위 지원업체 (3개 업체)	3순위 지원업체 (5개 업체)
▼	▼	▼
창업지원금+교육지원비 『최대2,700만원』	창업지원금+교육지원비 『최대2,000만원』	창업지원금+교육지원비 『최대1,500만원』
▼	▼	▼
· 직원3인이상 · 법인사업장 · 특허등록 및 출원 · 제조, 생산	· 직원3인이상 · 법인사업장 · 제조, 생산	· 직원3인이상 · 법인사업장

□ **지원방법**

　　○ 창업운영비 지원은 법인사업자 등록 후 4대보험 가입 후 지원

　　○ 운영지원비 구성

항목	세항목	편성기준
초기 사업비	시제품제작비(50%)	· 시제품제작에 소요되는 실비 : 인건비, 재료비, 임차비, 외주용역비, 기술이전비 등
	기술정보활동비(20%)	· 교육비, 학회참가비, 지재권 출원·등록비, 시험분석료, 제품인증비, 사무용품비 등
	마케팅비(30%)	· 국내·외 전시회 참가비, 제품홍보물 제작 홍보비, 시장조사비 등

○ 사업비 조성

구분	창업자 초기사업비 조성(100%)	
	정부지원금	창업자 부담금
조성비율	70%이하 *최대 2,700만원	30%이상(현금)

※ 현물투자의 경우 공인감정가격을 기준으로 산출하여 명세서 제출. 공인감정
   가격 산출이 어려운 경우 기타 객관적인 산출 근거 제출

○ 초기 사업비 관리
  – 창업 지원비는 본원에서 제공하는 별도계좌를 개설하여 다른 자금과 구분하
    여 관리하며, 관계 서류 제출시 본원에서 직접 지출
  – 협약체결 후, 관계 서류 제출시까지 지출한 금액에 대하여는 증빙서류 제
    출시 일괄 정산
  – 초기사업비의 수입 또는 지출은 사업계획에서 정한 세목별로 사용하여야 하
    며 다른 용도로는 사용 불가
  – 사업비는 2회에 걸쳐 지급
○ 교육 및 컨설팅 지원 : 지원대상 업체의 요청에 의함
○ 중간점검 : 사업운영 여부 수시 점검

□ **지원절차**
  ○ 1단계 : 부산형 착한기업 협약체결
  ○ 2단계 : 사전컨설팅 실시(창업에 필요한 컨설팅)
  ○ 3단계 : 창업 완료 후 관련 서류 제출
    ※ 제출서류 : 법인사업자 등록증, 고용인에 대한 4대보험 가입증명서, 운영
                 비 지출내역 및 증빙서류
  ○ 4단계 : 창업지원금 지원
  ○ 5단계 : 요청에 의한 사후 교육 및 컨설팅 지원, 컨설팅은 요청시 수시 지원

지출요청서

(시제품제작비 내역)

품명	규격	단위	수량	단가	금액	용도/수신처	비고
계							

※ 첨부서류

– 거래명세서   – 세금계산서   – 사업자등록증 사본   – 통장사본

위와 같이 지출을 의뢰합니다.

2016년 00 월 00 일

주식회사   대표   (인)

【서식】

지출요청서

(기술정보 활동비 내역)

품명	규격	단위	수량	단가	금액	용도/수신처	비고
계							

※ 첨부서류

- 거래명세서 - 세금계산서 - 사업자등록증 사본 - 통장사본

위와 같이 지출을 의뢰합니다.

2016년 00 월 00 일

주식회사   대표   (인)

【서식】

지출요청서

(마케팅비 내역)

품명	규격	단위	수량	단가	금액	용도/수신처	비고
계							

※ 첨부서류

- 거래명세서 - 세금계산서 - 사업자등록증 사본 - 통장사본

위와 같이 지출을 의뢰합니다.

2016년 00 월 00 일

주식회사   대표   (인)

〈부산형 착한기업 육성 OJT 훈련 및 창업 교육지원 만족도 조사〉

점수 지표	①	②	③	④	⑤
	전혀 불만족 전혀 그렇지 않다 매우 낮음	불만족 그렇지 않다 낮음	보통 보통이다 보통	만족 그렇다 높음	매우 만족 매우 그렇다 매우 높다

1. 만족도 문항(기업 및 교육자 공통, 해당 사항에만 체크해 주시기 바랍니다)

구분	설문내용	만족도				
문1	OJT 및 창업교육에 대해 전반적으로 만족하십니까?	①	②	③	④	⑤
문2	OJT 및 창업교육 강사 수준에 만족하십니까?	①	②	③	④	⑤
문3	OJT 및 창업교육 프로그램 내용과 강의시간은 적절합니까?	①	②	③	④	⑤
문4	OJT 및 창업교육프로그램을 통해 직무에 대한 이해가 높아졌다	①	②	③	④	⑤
문5	향후 부산형 착한기업이 지속된다면 참여할 것이다.	①	②	③	④	⑤
문6	향후 부산형 착한기업이 지속된다면 주위 다른 기업 및 창업예정자들에게 적극적으로 권유할 것이다.	①	②	③	④	⑤

2. 개인특성 관련 문항

문항	내용
성별	① 남성( ) ② 여성( )
연령	① 20대( ) ② 30대( ) ③ 40대( ) ④ 50대( )
구분	① 사업주 및 관리자( ) ② 신규종업원( )

3. 건의사항 및 개선사항

□ **목적**

○ 부산형 착한기업 육성 및 일자리 창출 사업의 채용약정형 기업의 신규 인력
   에 대해 고용노동부의 사업 지침에 기반하여 현장 직무 교육에 대한 제반 절
   차를 규정하고자 함

□ **지원내용**

○ 지원조건

  – 4대보험 미가입자에 한해 채용약정 후 교육실시

  – 교육훈련 후 채용과 동시에 4대보험 가입해야 함

○ 지원규모

  – 기술 인력 양성 · 기능 인력 양성

    : 1인당 최대 280만원(40시간) 이내 교육훈련 지원

    예) 2명을 고용할 경우 : 2명 × 280만원 = 560만원(80시간) 이내

    ※ 타 훈련기관 교육훈련 위탁 가능, 유관훈련기관이 없는 경우 자체 OJT지원

    ※ 교육훈련의 내용에 따라 객관적 근거가 없는 경우 감액

○ 지원내용 : OJT 훈련 관련 강사료

구분	기준	비고
강사료	– 1시간당 최대 70,000원 – 1일 1인당 최대 280,000원	– 강사는 2명이상 구성 가능 – 1인 하루 최대 4시간 이내 – 강사개인별 직접 계좌이체

※ 강사의 경우 내부 및 외부 가능하며 최소 관련분야에서 3년 이상 근무 경험
   또는 이에 준하는 자격을 가지고 있어야 함

○ 지원방법

  – OJT 지원은 훈련생이 채용된 후 관련 비용을 지급(개인별 지급)

  – 훈련지원은 강사료에 대한 지원, 타 항목으로 사용 불가 ⇨ OJT 훈련 프

로그램 운영 계획에 금액 명시

예) 교육훈련 1명에 대한 지원의 경우(총지원 한도 : 280만원)

⇨ 강사료 : 5일 × 4시간 × 2인(강사) × 70,000원 = 2,800,000원

예) 교육훈련 2명에 대한 지원의 경우(총지원 한도 : 560만원)

⇨ 강사료 : 10일 × 4시간 × 2인(강사) × 70,000원 = 5,600,000원

□ OJT 관리

○ OJT 기간

- 지원금액내에서 OJT 프로그램 기간은 자율적으로 정함

- 단 사업기간 내 교육훈련 종료하여야 하며, 최대 4개월 이내로 구성

○ 훈련생 검증

- 훈련생 명단 제출 시 명단조회 파일 첨부하여 적합여부 판단

- 훈련생은 고용노동부 및 타 정부사업의 중복지원 불가

○ 중간점검 : 최소 2회 점검

- OJT 프로그램 운영계획서 훈련 기간 중 현장점검 방문

- OJT 프로그램 운영계획서 훈련 기간 변동 시 2일 이전 사전 승인

- 중간점검 결과 OJT 프로그램 운영계획과 상이할 경우 ⇨ 1회시 서면 경고, 2회 시 협약취소

○ 종료보고

- 교육 종료 후 최대 14일 이내에 훈련생 4대 보험 가입

- 교육 종료 후 최대 1달 이내 종료 서류 원본 우편 발송 및 방문제출

○ 컨설팅지원

- 부산형 착한기업 선정 후 사업장에서 요청 시 컨설팅 지원가능 (예산소진 시 지원불가)

□ **지원절차 정리**

  ○ 1단계 : 부산형 착한기업 협약체결

  ○ 2단계 : 훈련생 자격요건 검증 ⇨ 부산지방고용노동청 직접 확인(고용보험 가입여부, 사업자등록증 존재여부, 정부지원 훈련 사업 참여 여부 등)

  ○ 3단계 : OJT 프로그램 운영 계획 제출 (OJT 프로그램 운영 계획[첨부 1 참조], 이력서 및 통장사본)

  ○ 4단계 : OJT 훈련 실시 ⇨ 상시 훈련과정 현장점검

  ○ 5단계 : OJT 훈련 종료 후 관련 서류 제출 ⇨ 출석부, 훈련일지, 사업장 4대보험 가입자 명부

  ○ 6단계 : OJT 훈련 프로그램 운영 경비지급 ⇨ 강사료(개인 계좌번호에 직접 입금)

■ **각 단계별 부산형 착한기업 담당자와 연락하여 승인 후 진행**

【OJT 프로그램 운영 계획】_ 참조용

【서식 1】출석부 양식 ,【서식 2】훈련일지 양식,【첨부 1】개인정보 활용 동의서

※ 아래 양식의 틀을 변경하는 것 외에는 변경 가능(칸, 줄, 엑셀로 작성 등)

【OJT 프로그램 운영 계획】

OJT 프로그램 운영 계획서

1. 만족도 문항(기업 및 교육자 공통, 해당 사항에만 체크해 주시기 바랍니다)

기업명	대표자명
담당자명	담당자 직위
전화번호	이메일
팩스번호	홈페이지
훈련장소 주소	

2. OJT 계획

OJT 훈련 목표	원단가공 능률향상 교육			
OJT 훈련 기간	2016년 월 일 ~ 2016년 월 일(총 시간)			
OJT 훈련 인원	홍길동, 김영희 (이름표기) (2) 명			
훈련일자 (교육시간)	훈련내용	훈련시간	훈련장소	훈련강사 이름
2015년 o 월 o 일 09:00~12:00 13:00~16:00	– 원단 분류 및 특성	(4)시간	OOO 공장	김OO
	– 원단 가공 기초	(4)시간	OOO 사무실	이OO
2015년 월 일 10:00~12:00	– 원단 가공 실습	(4)시간	OOO 공장	김OO
	– 원단 가공 이론	(4)시간	OOO 사무실	이OO
일별 작성 시간 필히 기입				

※ 훈련일자별 훈련내용 기재(훈련내용은 해당 전문업무 내용에 대해 간략히 기재)

※ 훈련일자가 여러 날일 경우 해당란을 추가하여 기재

※ 교육이 1일 2회 이상인 경우 교육시간을 각각 기재

3. OJT 비용 산출 내역

항목	세부내역	금액	비고
강사료	5일 × 4시간 × 1인(강사) × 70,000원 = 1,400,000원	1,400,000원	김OO
강사료	5일 × 4시간 × 1인(강사) × 70,000원 = 1,400,000원	1,400,000원	이OO
총계		2,800,000원	

붙임 : 강사 이력서 각 1부

이 력 서

	소속	직위	
	성 명	휴대전화	
	유선전화	E-mail	
	주민번호		
거주지 주소			
최종학력	졸업년월	학 교 명	
	학 과	학위취득명	
경 력①	직 장 명	재직기간	
	근무부서	직 위	
	담당업무 (상세기록)		
경 력②	직 장 명	재직기간	
	근무부서	직 위	
	담당업무 (상세기록)		
경 력③	직 장 명	재직기간	
	근무부서	직 위	
	담당업무 (상세기록)		
취득자격①	자 격 명	발급일자	
	발행기관	내 용	
취득자격②	자 격 명	발급일자	
	발행기관	내 용	
취득자격③	자 격 명	발급일자	
	발행기관	내 용	
기타사항			

위 기재사항은 사실과 다름없으며, 허위사실로 판명될 경우 어떠한 조치에도
이의를 제기하지 않을 것임을 서약합니다. 끝.

년   월   일

작성자 :   (인)

출 석 부

연번	수행기관인
	(업체 결재)

기관명: 착한원단   과정명:원단가공 능률향상 교육   기간 : 16.3.2~16.3.8

번호	날짜 확인(강사1성명) / 확인(강사2성명)	월 일 교육 업체 결재 시작 / 종료	월 일 교육 업체 결재 시작 / 종료	월 일 교육 업체 결재 시작 / 종료	월 일 교육 업체 결재 시작 / 종료	월 일 교육 업체 결재 시작 / 종료	소정출석일	실제출석일	결석	지각	조퇴	확인
	시작 09:00 / 종료 13:00	시작 09:00 / 종료 13:00	시작 09:00 / 종료 13:00	시작 09:00 / 종료 13:00	시작 09:00 / 종료 13:00							
	시작 14:00 / 종료 18:00	시작 14:00 / 종료 18:00	시작 14:00 / 종료 18:00	시작 14:00 / 종료 18:00	시작 14:00 / 종료 18:00							
1	훈련생성명 / 훈련생서명 훈련생서명	훈련생서명 훈련생성명	훈련생서명 훈련생서명	훈련생서명 훈련생서명	훈련생서명 훈련생서명		5	5	0	0	0	결재
2	훈련생성명 / 훈련생서명 훈련생서명	훈련생서명 훈련생성명	훈련생성명 훈련생서명	훈련생서명 훈련생서명	훈련생서명 훈련생서명		5	5	0	0	0	결재

〈출석부 기재요령〉
1. 훈련생은 매일 처음시간과 훈련종료 후 및 매 출석부 마지막 확인란에 직접자필 서명한다. (사인불가)
2. 강사나 훈련책임자는 매일 첫시간 및 마지막시간에 출석확인하고 서명하되 결석(출석호명당시 부재중인 경우 포함)한 훈련생에 대해서는 ×표시하며, 지각자, 조퇴자에 대하여 지각, 조퇴를 명기하고 하단에는 그 시간을 4자리 숫자로 표시한다.
3. 훈련책임자(훈련기관장, 담당자)는 매일 훈련종료 후 최종 확인 결재한다.
4. 오·탈자 정정은 적색펜을 사용하여 두줄로 정정하고 정정한 곳 옆에 정정자가 기명하고 날인한다.
5. 중도탈락자는 제적일로부터 적색펜으로 두줄을 긋는다.

훈 련 일 지

과정명 : 강사1 과정명 / 강사2 과정명

기간 : 　．　．　~　．　．　．

20　년　월　일 (요일)

（강사1）	（강사2）	①기관인
（결재）	（결재）	（업체결재）

②재적	2명	③출석	2명	④결석		⑤지각		⑥조퇴	

⑦교육 사항					

교시	과목	담당강사	교육내용	비고
1			1시간단위 구체적 교육내용	
2			1시간단위 구체적 교육내용	
3			1시간단위 구체적 교육내용	
4			1시간단위 구체적 교육내용	
5			1시간단위 구체적 교육내용	
6			1시간단위 구체적 교육내용	
7			1시간단위 구체적 교육내용	
8			1시간단위 구체적 교육내용	

교육시간	일계	교양	예시 8	전공	일계시간	실습	일계시간	기타	일계시간	계	예시 8
	누계	교양	예시 16	전공	누계시간	실습	일계시간	기타	일계시간	계	예시 16

⑧ 지시 사항	- 누계는 교육시간 누계를 뜻함 예) 1일째 4시간, 2일째 8시간, 3일째 12시간 - 교시는 1시간단위
⑨ 특기사항 <결석자 명단포함>	

〈훈련일지 기재요령〉

1. 교육시간의 일계 및 누계에는 현재까지의 훈련한 일수를 기재.

2. 상단의 재적, 출석, 결석, 지각, 조퇴 란은 매일 훈련이 종료된 후 기재.

3. 과목 및 담당강사, 훈련내용 등은 실제 훈련한 내용을 기재하며, 1시간 단위의 1교시 훈련내용은 상세히 기재

4. 특기사항에 지각자는 1교시에 지각한 훈련생을 기재하며, 결석자는 최종결석자를 훈련종료 후에 기재하며, 조퇴자는 조퇴 후 바로 기재

5. 기타사항에는 훈련과 관련하여 필요한 사항을 기재하며, 훈련중에 발생한 특이사항에 대하여 기재

6. 훈련일지는 매시간 훈련을 실시한 강사가 직접 작성하며, 한꺼번에 작성하거나, 미리 작성하여서는 안 됨

　　　　본인은 상기 내용에 대하여 충분한 안내사항을 받았으며 이에 동의합니다.

　　　　　　　　20　년　　　월　　　일

　　　　대표 및 담당자　　　　　　　　　　　（서명）

개인정보 이용에 대한 동의서

1. 지역맞춤형 일자리창출 지원사업 참여에 있어 개인을 고유하게 구별하기 위해 부여된 식별정보(주민등록번호 등)를 포함한 개인정보를 다음과 같이 전산망 등에 수집·관리하고 있습니다.

> ○ 개인정보의 수집·이용 목적 : 참여자 선정관리, 개인별 참여이력 관리 및 취업지원, 정부재정 지원 활동 지원사업 중복참여 여부, 고용보험 이력 조회, 지역맞춤형 일자리창출 지원사업 실적·성과 평가 등에 활용
> ○ 수집하는 개인정보 항목 : 성명, 주민등록번호, 사업자등록 및 연매출
> ○ 개인정보의 보유 및 이용기간 : 전산망에서 수집 및 계속 관리
> ○ 개인정보의 제공 : 타법령 등에 의하여 실시되는 복지 및 일자리 사업의 적절한 대상자 선정과 관리의 목적으로 제공

2. 지역맞춤형 일자리창출 지원사업에 참여하기 위해서는 개인을 고유하게 구별하기 위해 부여된 식별정보(주민등록번호 등)를 포함한 개인정보가 필요하며, 고용노동부, 해당 지자체 및 수행기관(취업지원 수행기관 포함)은 개인정보보호법에 따라 참여자로부터 제공받는 개인정보를 보호합니다.

3. 고용노동부, 해당 자치단체 및 수행기관(취업지원 수행기관 포함)은 개인정보를 처리목적에 필요한 범위에서 적합하게 처리하고 그 목적 외의 용도로 사용하지 않으며 개인정보를 제공한 참여자는 언제나 자신이 입력한 개인정보의 열람·수정을 신청할 수 있습니다.

4. 지역맞춤형 일자리창출 지원사업 참여결과로 인한 수혜사항(이력)이 타법령 등에 의하여 실시되는 복지 및 활동 지원 사업의 적절한 대상자 선정과 관리의 목적으로 제공될 수 있음에 동의합니다.

5. 본인은 위 1~4의 내용에 따른 지역맞춤형 일자리창출 지원사업 참여운영을 위해 개인 식별정보(주민등록번호 등)를 제공할 것을 동의합니다.

20   년   월   일

동의자 :   (서명 또는 인)

성 명	
주민등록번호	
연 락 처	

부산형 착한기업 신청서 및 평가 서식

착한기업 신청서

신청유형	제1유형 _ 창업형 교육훈련 및 컨설팅 지원( ) 제2유형 _ 채용약정형 교육·훈련 지원( )			
사 업 명 (기 업 명)				
사 업 체 소 재 지				
신 청 자	소 속		직 위	
	전 화		핸드폰	
	성 명			
	이메일			
사업내용 (지원내용)				
고용창출	명			

위와 같이 『2016년 부산형 착한기업 육성지원 사업』에 신청합니다.

년   월   일

신청기관(자)   (인)

면접심사 결과 의결서

면접순서	유형	기업명	사업내용	신청인원	지원여부	비고

2016. 10. 18.

심사위원

소속	성 명	(서명)
소속	성 명	(서명)
소속	성 명	(서명)
소속	성 명	(서명)
소속	성 명	(서명)
소속	성 명	(서명)
소속	성 명	(서명)
소속	성 명	(서명)

부산형 착한기업 설문조사지

개인번호

부산형 착한기업 실태 설문조사

안녕하십니까?

부산고용포럼이 (재)부산인적자원개발원과 함께 지난 2012년부터 수행해온 "부산형 착한기업 육성 및 일자리창출 프로젝트"가 2015 전국 일자리창출 경진대회에서 영예의 대상(대통령상)을 수상하였습니다. 이와 관련하여 올해에는 "부산형 착한기업 육성 사업"을 전국적인 모델로 확산시키기 위해 부산형 착한기업으로 지원을 받은 기업의 실태와 관련된 설문조사를 실시하고자 합니다. 이 설문조사의 결과는 향후 부산형 착한기업 육성사업의 활성화를 위한 정책입안 및 학술적 홍보의 근거 자료로 활용 될 것입니다. 바쁘시더라도 향후 더 많은 착한기업이 탄생할 수 있도록 본 설문조사에 적극적으로 협조해 주시기 바랍니다.

이 조사의 결과는 통계법 제 33조에 의거 개인정보에 관한 사항은 비밀이 보장된다는 것을 알려드립니다.

조사에 협조해주셔서 감사합니다.

2016년 10월
부산고용포럼

| 담당자: 김태용 팀장 | ☎ 051-315-7535~7 | 팩스: 051-315-7538 |

※반드시 기업대표나 부산형 착한기업 육성사업에 직접 신청하신 분께서 작성해 주십시오.

[기업의 일반현황] ※해당되는 난에 √표시 및 숫자를 기입해 주십시오(중복 응답 가능)

소속 기업명	기업명:	조사일시: 2016년 월 일
산업	□ 제조업 □ 비제조업 (□ IT업 □ 건축·인테리어업 □ 기타)	
부산형 착한기업 지원 형태 (중복응답 가능)	□ 채용약정형 OJT	□ 창업형
지원받은 연도 및 채용인원(창업의 경우 창업자 포함, 해당연도만 표시함)	<채용약정형 OJT> □ 2012년 ( )명 □ 2013년 ( )명 □ 2014년 ( )명 □ 2015년 ( )명 □ 2016년 ( )명	<창업형> □ 2012년 ( )명 □ 2013년 ( )명 □ 2014년 ( )명 □ 2015년 ( )명 □ 2016년 ( )명
지원 인력의 현재 고용실태(창업의 경우 창업자 포함)	<채용약정형 OJT> □ 최초 지원인력 고용유지 ( )명 □ 최초 지원인력 퇴사(이직) ( )명 □ 대체고용인력 고용유지 ( )명 □ 기업자체 추가고용 인력 ( )명	<창업형> □ 최초 지원인력 고용유지 ( )명 □ 최초 지원인력 퇴사(이직) ( )명 □ 대체고용인력 고용유지 ( )명 □ 기업자체 추가고용 인력 ( )명
종업원 현황 (창업의 경우 창업자 포함)	착한기업 지원 최초 연도와 당시 종업원 수 ( )년 ( )명	2016년 10월 말 현재 종업원 수 ( )명
응답자 현황	성명: ( ) 출생연도: ( )년 성별: □ 남자 □ 여자	학력 : □고졸이하 □전문대졸 □대졸이상 직위 : □대표 □임원 □실무 책임자 휴대폰: ( )

※채용약정형 OJT과 창업형을 모두 신청한 기업은 모두 응답해주십시오.

1. 귀하께서는 처음에 부산형 착한기업 육성사업에 대해 어떻게 알고 지원하였습니까?

□①지인의 소개   □②홈페이지   □③신문·방송 광고

□④지하철광고·리플렛 등   □⑤기타(   )

2. 부산형 착한기업 지원신청 유경험자로서 다음의 사항에 대한 귀하의 만족도는 어떠했습니까?

구분	매우 불만족	약간 불만족	그저 그렇다	약간 만족	매우 만족
1) 지원신청서의 간소함	①	②	③	④	⑤
2) 사전적인 현장실사 (집중상담)	①	②	③	④	⑤
3) 면접심사	①	②	③	④	⑤
4) 사전 컨설팅 지원	①	②	③	④	⑤
5) OJT 교육 혹은 맞춤식 교육 지원	①	②	③	④	⑤
6) 협약체결	①	②	③	④	⑤
7) 사후관리 및 연락	①	②	③	④	⑤

3. 다음은 채용약정형 OJT 신청을 한 기업에 대한 질문입니다.

3-1. 채용약정형 OJT으로 신청하게된 가장 큰 이유는 무엇입니까?

□①신규인력 OJT가 필요해서   □②부족인력 충원이 어려워서

□③금전적으로 도움이 되어서   □⑤기타(   )

3-2. 채용약정형 OJT 채용방식이 귀사의 인력채용 및 활용에 어느 정도 영향을 미쳤습니까?

□①매우 심각한 부정적 영향   □②다소 부정적 영향   □③별 영향 없음

□④다소 긍정적 영향   □⑤매우 긍정적 영향

3-3. 채용약정형 OJT 채용방식의 가장 큰 장점은 무엇이라고 생각하십니까?

□①기업맞춤식 현장훈련   □②기업에 훈련비 직접 지원   □③짧은 교육훈련 기간

□④부족 인력 충원   □⑤기타(   )

3-4. 채용약정형 OJT 채용방식의 가장 큰 애로요인은 무엇이라고 생각하십니까?

□①까다로운 선정절차　　□②훈련재료비 미지급　　□③고용보험가입 의무화

□④까다로운 증빙자료 제출　　□⑤기타(　　　)

4. 다음은 창업형 신청을 한 기업에 대한 질문입니다.

4-1. 창업형으로 신청하게된 가장 큰 이유는 무엇입니까?

□①자금지원이 필요해서　　□②사전 컨설팅이 필요해서

□③적합한 인력채용이 필요해서　　□④기타(　　　)

4-2. 창업형 지원방식이 귀사의 창업과정에 어느 정도 영향을 미쳤습니까?

□①매우 심각한 부정적 영향　　□②다소 부정적 영향　　□③별 영향 없음

□④다소 긍정적 영향　　□⑤매우 긍정적 영향

4-3. 창업형 지원방식의 가장 큰 장점은 무엇이라고 생각하십니까?

□①창업전반의 사전 컨설팅　　□②타 지원기관과 연계　　□③맞춤식 교육지원

□④창업자금 지원　　□⑤기타(　　　)

4-4. 창업형 지원방식의 가장 큰 애로요인은 무엇이라고 생각하십니까?

□①너무 작은 창업자금지원금　　□②창업이후 지원금 지불　　□③지원항목 변경의 어려움

□④까다로운 증빙자료 제출　　□⑤기타(　　　)

1. 향후 부산형 착한기업 육성사업을 전국적 사업으로 확산하는 것이 어느 정도 필요하다고 생각하십니까?

□ ①매우 불필요   □ ②다소 불필요   □ ③보통   □ ④다소 필요   □ ⑤매우 필요

2. 향후 부산형 착한기업 육성사업의 발전을 위해 다음 사항에 대해 어떻게 생각하십니까?

구분	구분	전혀 아니다	아니다	그저 그렇다	그렇다	매우 그렇다
공통	1) 착한기업 육성사업에 대한 적극적인 홍보가 필요하다	①	②	③	④	⑤
	2) 사업신청에서부터 선정까지 보다 신속한 행정처리가 필요하다	①	②	③	④	⑤
채용 약정형 OJT	3) OJT훈련생에 대한 훈련수당 확대가 필요하다	①	②	③	④	⑤
	4) 훈련재료비 및 운영비 지원이 필요하다	①	②	③	④	⑤
창업형	5) 창업자금지원금의 차등 증액이 필요하다	①	②	③	④	⑤
	6) 창업 후 적어도 3년간 다양한 지원시스템 구축이 필요하다	①	②	③	④	⑤

3. 향후 부산형 착한기업 육성사업의 확산을 위해 가장 우선적으로 해결해야 할 과제는 무엇이라고 생각합니까?

□ ①사업비 증액   □ ②착한기업지원센터 확충   □ ③지원프로그램의 다양화

□ ④사전 컨설팅 강화   □ ⑤기타(   )

3-1. 향후 채용약정형 OJT 지원사업의 확산을 위해 가장 우선적으로 해결해야 할 과제는 무엇이라고 생각합니까?

□ ①1인당 OJT비용 증액   □ ②훈련재료비 지원   □ ③지원프로그램의 다양화

□ ④사전 컨설팅 강화   □ ⑤기타(   )

3-2. 향후 창업형 지원사업의 확산을 위해 가장 우선적으로 해결해야 할 과제는 무엇이라고 생각
합니까?

☐①창업지원금 확대   ☐②창업지원기간 확대   ☐③타 지원기관과 연계강화

☐④사전 컨설팅 강화   ☐⑤기타(   )

4. 부산형 착한기업 육성사업의 지원을 받은 기업을 대상으로 부산형 착한기업 클럽이 결성되어 운영중에 있습니다. 〈부산형 착한기업 클럽〉에 가입하셨습니까?

☐① 예 (4-1번으로 가세요)   ☐② 아니오 (4-2번으로 가세요)

4-1. 부산형 착한기업 클럽에 가입하시게 된 주된 이유는 무엇입니까? (5번으로 가세요)

☐①기업운영에 도움이 될 것 같아서   ☐②착한기업 정신에 공감해서

☐③단순한 친목도모를 위해   ☐④기타(   )

4-2. 부산형 착한기업 클럽에 미가입하시게 된 주된 이유는 무엇입니까?

☐①연락을 받지 못해서   ☐②최근 시간이 없어서   ☐③별 관심이 없어서   ☐④기타(   )

4-3. 부산형 착한기업 클럽에 현재는 미가입이지만 조만간 가입하실 생각이 있으십니까?

☐① 예   ☐② 아니오

5. 부산형 착한기업 클럽의 지속적인 발전을 위해서는 무엇이 가장 중요하다고 생각하십니까?

☐①착한기업의 정체성 확립   ☐②참여기업에 유익한 정보 제공   ☐③지역사회 봉사방안 마련

☐④착한기업 클럽에 대한 재정적 지원   ☐⑤다양한 자문위원의 적극적 참여   ☐⑥기타(   )

6. 향후 부산형 착한기업 육성사업의 확산을 위해 제안하고 싶은 사항이 있으시면 적어주십시오.

부산형 착한기업 클럽 회칙

제 1 조 (명칭) 본회는 "부산형 착한기업 클럽"(이하 '클럽'이라 한다)이라 칭한다.

제 2 조 (목적) 본 모임은 기업의 이익을 '고용'을 통해 사회로 환원하는 기업으로서 공정 일터인 모범적인 성공을 이끄는 회원사들의 모임이다. 기업 상호간의 네트워크와 협업체계를 통해 부산형 착한기업 클럽은 향후 민간에서 자생적으로 운영되는 고용을 위한 기업모임으로 발전해 나갈 것으로 목적으로 한다.

제 3 조 (운영) 본 모임은 제2조의 목적을 달성하기 위하여 다음과 같은 프로그램으로 운영한다.
① 매월 정기 모임을 기본으로 함
② 정기 모임은 월1회 (둘째주 화요일) 단위로 사이클을 설정하여 고용 이슈로 모임전개를 하며, 내부 회원사 위주로 발표 및 토론을 진행하며, 회원들의 교류 및 친목도모를 위한 프로그램으로 진행함
③ 외부인 초청한 open forum 개최
④ (재)부산인적자원개발원, 고용노동부, 부산광역시, 부산고용포럼에서 추진하는 고용 지원제도 관련 토론을 벌이는 행사를 기획하여 정책 수립에 도움이

되는 프로그램 기획

⑤ 나눔 포럼과 community trade 등이 일어날 수 있도록 외부 회원사의 나눔 사업을 진행

제 4 조 (모임 회원) 본 모임의 회원은 모임 목적에 찬성하고, 입회 절차(부산형 착한기업 선정업체)를 득한 회원을 그 대상으로 한다. 기타(게스트) 회원사들의 직원은 손님으로 모임에 참석할 수 있다.

제 5 조 (회원 가입절차) 본 클럽의 회원가입은 부산형 착한기업 업체로 선정된 기업에 한한다.

① 입회비는 1년 회비 24만원으로 한다.

② 이사회에서 승인을 득하고, 회비납부와 동시에 회원가입이 완료된다.

제 6 조 (회원의 권리와 의무) 본 클럽의 회원은 피선거권 및 1인 1표의 의결권, 선거권을 가지며, 회칙을 준수하고 소정의 회비를 납부하며 총회 및 이사회의 의결사항을 이행하여야 한다.

제 7 조 (회원의 자격정지 및 탈퇴) 다음 각 호의 경우 회원자격이 정지 또는 상실되며 자격이 정지 또는 상실된 회원은 본 클럽의 활동에 참여할 수 없다.

① 본 클럽의 명예를 훼손하여 이사회에서 제명이 결정된 경우

② 회원의 의사에 의해 본 클럽을 탈퇴한 경우 제 8 조 (회원의 자격 회복) 상기 제7조에 의하여 회원자격을 상실하였을 경우 운영위원 회의 승인을 받아 회원자격을 회복할 수 있다.

제 8 조 (회원의 자격회복) 상기 제7조에 의하여 회원자격을 상실하였을 경우 운영위원회의 승인을 받아 회원자격을 회복할 수 있다.

제 9 조 (임원) 본 클럽에는 다음 각 호의 임원을 둔다.

① 회장 1인

② 부회장 1인

③ 총무 1인

④ 감사 1인

⑤ 친목위원 1인

⑥ 봉사위원 1인

⑦ 홍보위원 1인

제 10 조 (임원의 직무)

① 회장은 본 클럽을 대표하고 회무를 총괄하며 총회와 이사회의 의장이 된다.

② 부회장은 이사회를 구성하고 회장을 보좌하며 회장 유고시에는 연장자 순으로 그 직무를 대행한다.

③ 총무는 이사회를 출석하여 클럽의 업무에 관한 사항을 의결하며 이사회로부터 위임 받은 사항을 처리한다.

④ 감사의 직무는 다음과 같다.

가. 재정상황을 감사하는 일

나. 이사회의 운영 및 업무에 관한 사항을 감사하는 일

다. (가)목 및 (나)목의 감사결과 부정 또는 부당한 점이 있음을 발견한 때는 이사 회 및 총회에 그 시정을 요구하고 보고하는 일

라. (다)목의 시정요구 및 보고를 하기 위하여 필요한 때는 총회, 이사회의 소집을 요구하는 일

마. 클럽의 재산상황과 업무에 관하여 이사회 및 총회의 의견을 진술하는 일

제 11 조 (임원의 선출과 임기)

① 본 클럽의 임원은 모임의 추천에 의하여 선출하며, 출석한 정회원(전년도 회비 납부회원 및 신규회비 납부회원)의 과반수 이상의 동의를 얻어야 한다.

② 임원의 임기는 2년으로 하되 중임할 수 있다. 임원이 임기 중 궐위될 경우는
차기 총회에서 선출하여 보충한다.

제 12 조 (차기 회장 선출) 회장의 임기만료 1년 전에 개최되는 총회에서 차기회
장을 선출하기로 한다.

제 13 조 (고문의 추대) 학식, 경험 및 공로가 많은 사람 중 회장의 추천을 거쳐
이사회 에서 의결된 자 약간 명과 본 클럽의 전임회장을 본 클럽의 고문으로 추
대할 수 있다.

제 14 조 (임원의 결격사유) 제 8조의 규정에 의거 임원이 회원의 자격을 상실한
경우에는 임원의 자격도 상실된 것으로 본다.

제 15 조 (모임) 본 클럽은 매월 정기모임을 개최하며, 회장이 필요하다고 인정
할 경우 또는 회원사의 요구가 있을 때 회장의 소집에 의해 임시모임을 개최할 수
있다.

제 16 조 (모임의 운영) 모임에서는 본 클럽의 목적을 달성하기 위한 프로그램을
운영하며 매년 1월의 정기모임에서는 통상적인 프로그램의 운영 외에 다음 각 호
에 해당하는 사항을 결정한다.
① 회칙의 개정
② 임원 선출
③ 예산 및 결산의 승인
④ 기타 중요한 사항

제 17 조 (운영위원회)
① 운영위원회는 회장, 부회장, 총무, 감사로 구성하며 필요시 회장이 소집한

다. 단, 운영위원회 재직 임원 과반수이상의 요구가 있을 경우에는 회장은 이를 즉시 소집하여야 한다.

② 운영위원회는 과반수 출석으로 성립하고 과반수 찬성으로 의결한다.

③ 임원의 출석이 반드시 요구되지 않을 경우에는 이메일, 전화 등 통신수단(SNS, 밴드)을 이용하여 운영위원회를 개최할 수도 있다.

제 18 조 (운영위원회의 기능) 운영위원회의 기능은 다음과 같다.

① 회원의 입회 승인 및 제명

② 클럽의 운영과 관련된 개선사항의 발굴

③ 기타 사항

제 19 조 (수입)

① 본 클럽의 경비는 회비와 찬조금, 특별회비 등 기타 수입금으로 충당한다.

② 본 클럽 회원의 회비는 일반회원의 경우 연회비를 24만원으로 한다. 신입회원인 경우 위의 회비를 납부하도록 하되 회계연도 중에 가입 할 경우 월할 계산하여 납부한다.

③ 회원의 경상회비 만으로 충당하기 어려운 프로그램을 운영할 경우에는 참가회원에 한해 특별회비를 청구할 수 있다.

제 20 조 (회계연도) 본 클럽의 회계연도는 1월1일부터 12월31일까지로 한다.

부 칙

제 1 조 본 클럽의 회칙은 2015년 11월 06일부터 시행한다.

제 2 조 본 클럽의 회칙에 규정되지 아니한 사항은 통상의 관례에 따른다.

새로운 지역 틈새일자리 프로젝트
부산형 착한기업 2012~2016

발 행 일 | 2017년 2월 25일 초판 1쇄 발행

발 행 인 | 신유정

지 은 이 | 김종한, 류장수, 박성익, 이근호

펴 낸 곳 | 도서출판 디자인콕스

　　　　　48059 부산광역시 해운대구 센텀동로 57 부산디자인센터 402호

　　　　　T.051-627-1539 / design-cox@daum.net

출판등록 | 2014년 8월28일

등록번호 | 제 333-251002014000025호

ISBN 979-11-957206-1-3

값 19,500원